新时代高职体育教学的发展与创新

陈　龙　王世桢　田文乾　著

北方联合出版传媒（集团）股份有限公司

辽宁科学技术出版社

图书在版编目（CIP）数据

新时代高职体育教学的发展与创新 / 陈龙, 王世桢,
田文乾著 . -- 沈阳 : 辽宁科学技术出版社, 2024. 8.

ISBN 978-7-5591-3764-7

Ⅰ . G807.4

中国国家版本馆 CIP 数据核字第 2024R4A723 号

出版发行：辽宁科学技术出版社
　　　　　（地址：沈阳市和平区十一纬路29号　邮编：110003）
印　　刷：北京虎彩文化传播有限公司
开　　本：170mm×240mm
印　　张：13
字　　数：230千字
出版时间：2024年8月第1版
印刷时间：2024年8月第1次印刷
责任编辑：王玉宝　李　红
版式设计：颖　溢
责任校对：于　芳

书　　号：ISBN 978-7-5591-3764-7
定　　价：88.00元

前言

　　高职体育顾名思义就是针对高等教育设置的体育课程。其旨在激发大学生锻炼兴趣、促进其心理健康发展。本书以当下的社会发展进程为主要的教育背景，结合最新的知识信息与体育动态，增加实用性、关注科学性。本书主要对高职体育教育的理念与实践进行阐述，将创新性与实践性相互结合，希望可以为阅读本书的广大读者受众带来一定的收获。

　　本书属于高职体育教学方面的理论研究读物，根据全国普通高等学校体育课程指导纲要的要求，结合高职院校体育教育的理论与实践进行编写。内容包括高职体育教学概述、高职体育教学理念、高职体育教育课程建设、高职体育传统教学模式、高职体育教学模式的创新、高职体育教学的优化、高职体育教学主体的管理和高职体育教学评价的改革研究。全书理论联系实践，以促进高职体育教学的发展，对高职体育教育、体育健康教育等方面的研究者与从业人员具有学习与参考价值。

　　撰写书籍是一项艰巨的工作，在撰写过程中，我们深感能力不足，因此，参考了一些同领域专家学者的研究成果，在此向他们表示衷心的感谢。由于知识水平有限，书中难免存在疏漏，恳请广大读者予以批评指正，我们不胜感激。

目 录

第一章　高职体育教学的概述

第一节　高等职业教育的概念

因为社会发展时期的不同，人们对教育的内涵与定义有着许多不同的见解与阐述。

在我国教育研究史中，教育有广义定义与狭义定义之分。广义上说，凡是增进人们的知识和技能、影响人们思想品德的活动，都是教育。从狭义上讲，教育主要指学校教育，即教育者根据一定社会（或阶级）的要求，有目的、有计划、有组织地对受教育者身心施加影响，将其培养成一定社会或阶级所需要的人的活动。作为一种社会实践活动，教育具有以下基本特征：教育首先是一种教学双方主体参与的实践活动；教育是个体与社会相互耦合的历程；教育活动具有"动力性"；教育行为是在一定的社会背景下发生的。所以，教育与一定的社会政治、经济和文化等条件存在联系，教育活动具有社会性、历史性和文化特征。

高等职业教育作为我国高等教育的重要组成部分，其发展水平与质量是体现一个国家综合实力和经济社会发展水平的重要标志。高等职业教育的相关定义有："高等职业教育属于第三级教育层次的职业技术教育，包括就业前的职业技术教育和从业后的有关继续教育""高等职业教育第一属性是高等教育，目的是培养高技术的专门人才""高等职业教育为学习职业技能，培养技术技能型高级专门人才的实践活动"。高等职业教育的本质属性是高等教育，社会属性是行业教育的高级形式，表现属性是有明确的层次实体，发展属性是终身教育的初级形式。

高等职业教育是界定在高等学校教育范围之内的，处在全日制高等学校教育体系的专科学历层次，简称高职教育，是以培养高素质技术技能人才为目的，以技术知识为主要内容，对教育对象进行职业能力、职业道德和职业精神等教育的应用性教育。

第二节　高职教育体育的发展现状

一、我国高职教育体育类专业人才培养的背景与现状

（一）我国高职教育体育类专业人才培养的背景

近年来，我国休闲体育产业的发展主要有以下几个方面的社会原因。

随着历史的发展，人类的科学技术取得长足的进步，人类劳动方式大致经历了从体力型、半体力型到智力型的发展历程。社会人口中从事脑力劳动的人数超过了一半。加之膳食结构的巨大变化，使得心脏病、糖尿病、高血压、肥胖症等这些"现代文明病"发病率增加。

1. 健身休闲活动是一种时尚流行的消遣娱乐活动

健身休闲活动的一个重要的基础是必须有充足的时间保障。周休制度开始于瑞士，19世纪20年代起源于基督教。1919年，《国际劳动宪章》在世界范围内明确了周休24小时的制度。1935年，国际劳工大会首次提出将原来的周休一日改为周休两日，部分国家的每周工作时间现在已经低于40小时。

2. 人口构成老龄化是健身休闲活动兴起的重要动因

老龄化问题已经成为全球各国非常重视的现实问题。老龄化带来的老年疾病等问题逐渐凸显。这已经成为一个深刻影响人类发展的深层次问题。雪邦和布洛姆奎斯特研究（1997）发现，65岁以上人口的数量是影响医疗费用增长的主要因素。20世纪初，美国人面临的最大的健康威胁是传染病，到了20世纪60年代，主要是心脏病、恶性肿瘤和脑中风等。为了保持健康，减少医疗开支，提高生命质量，世界上很多国家的

老年人成了参加健身休闲活动大军中最稳定的群体。

3. 休闲健身活动与人口城市化倾向密切相关

工业化的高度发展必然导致城市化的发展。城市是现代生活的摇篮，世界高收入国家城市化水平不断提升。

近30年，我国的城市化发展水平逐渐提升，城市化率也在逐步提升，但是相比较而言，大部分主要国家的城市化率都超过了70%，但我国的城镇化率还未达到70%。

4. 发展健身休闲产业也是培育新的经济增长点的需要

休闲健身运动在欧美国家作为一种新兴产业，发展迅速，在产业化优化过程中，成为产业关联性较强，并且能带动整个国民经济发展的产业，成为国家经济新的增长点。作为体育产业重要组成部分之一的健身休闲娱乐业，近年来发展迅猛，成为全球各国体育产业中的重要力量和支柱性行业。

2014年，国务院常务会议部署推进消费扩大，重点推进六大领域的消费升级。在信息消费、旅游消费、住房消费传统的三大领域之外，体育消费、健康消费、养老消费成为新增的三大消费领域。2015年，国务院办公厅发布关于服务业促进消费结构转型的相关文件明确指出，要推动生活消费方式由原来的生存型、传统型和物质型向未来的发展型、现代型和服务型转变。居民和家庭服务、健康服务、养老服务、旅游服务、体育服务、文化服务、法律服务、批发零售服务、住宿餐饮服务、教育培训服务等领域将成为新常态下中国经济新的增长支点。

5. 政策支持助力健身休闲产业发展

为了提升国民身体素质、推广体育休闲健身，我国政府以及各相关职能部门颁布了一系列的政策文件，鼓励休闲健身业的发展，并提供保障。未来体育健身休闲产业的发展前景，不仅来自人口红利、市场空间和国家GDP增加等带来的发展空间与价值需求，还拥有来自国家政府的方针政策层面的强力支撑。

随着我国大众健康健身意识进一步加强，休闲俱乐部商业模式逐渐成熟。近年来，我国健身市场保持良性发展。2017年，我国健身休闲俱乐部产值约900亿元。2020年，行业产值已超过1230亿元。

与健身休闲活动热形成鲜明对比的是，健身休闲教练职业水平的发展相对滞后。

资料显示，在健身教练培训方面，中国的人均教练只有0.12人/万人，美国则达到7.5人/万人，缺口巨大。据调查，持有《社会体育指导员（健身）国家职业资格证书》的健身教练还不到50%，这在一定程度上增加了商业健身休闲俱乐部人力资源方面的风险。

因此，为了填补市场专业人才的空缺，高职必须担当起培养合格乃至优秀的休闲体育产业领域的专业人才的使命，这是有效解决体育休闲产业市场领域专业人员缺乏、管理失范、经营混乱等问题的重要举措。

（二）我国高职教育体育类专业人才培养的现状

作为现代高等教育体系中最主要的两种类型，高等职业教育（高职教育）与学科型普通高等教育在人才培养目标、模式、途径、方法以及评价等诸多方面存在着较大差异，承担着不同的社会功能。

我国高等教育的专业主要是根据社会职业分工，学科的分类，科技、经济和文化发展水平，以及社会生产发展的需要来划分的。高职教育根据专业来确定人才培养方案，为社会经济发展等培养各种合格的专门人才；学生按专业进行学习，进行职业规划，为未来工作做准备。《辞海》对"专业"一词做的解释为"高等学校或中等专业学校根据社会专业分工的需要设立的学业门类"。在我国高职教育的实际认识和运用中，"专业"一词包含具象的实体意义。一般来说，其包含3个相互联系实体：相同专业学生所组成的组织、部分教师的共同组织和与共同组织相连的教学保障系统。

新时期，我国高等教育主要有四大功能（人才培养、科学研究、社会服务、文化传承创新），其中人才培养排在首位，而社会对人才的需求主要是通过学生专业来实现的。因此，高等学校的专业设置对学校的发展及学生就业等都有着非常重大的影响。长期以来，我国对体育专业的认识还存在较大误差和偏差，存在着将运动项目或体育课程的名称和专业名称等同的现象；我国高等教育与体育类本专科专业设置的制定以及修订在规范性、科学性上有较大差距。体育科学发展水平较低及学科体系构建等不够完善等原因造成了人们对体育学科、体育专业、体育专业方向和体育课程之间关系的认识较为模糊。

我国高等职业教育的专业设置主要是依据中华人民共和国教育部于 2015 年 10 月 26 日印发并实施的《普通高等学校高等职业教育（专科）专业设置管理办法》制定的。该办法是为进一步规范普通高等学校高等职业教育专科专业设置管理，使高职院校依法自主设置和调整专业，是根据《中华人民共和国职业教育法》《中华人民共和国高等教育法》《中华人民共和国行政许可法》和《国务院对确需保留的行政审批项目设定行政许可的决定》制定的。

二、高职体育类人才培养的启发

（一）高等职业教育人才培养模式类型与特征

我国高职教育在经过一段时间的发展与探索后，在人才培养、科学研究等方面取得了显著的成果，在人才培养模式与教学改革等方面的实践探索中，积累和总结出了多种适合职业教育发展规律的人才培养模式，其中比较有代表性的有"2+1 顶岗实习"模式、"订单式"模式、现代学徒制模式和产教融合模式等。国外职业教育的人才培养模式也有较大的借鉴意义，比较有特色的有德国的"双元制"模式、英国的 BTEC 模式等。下面就国内外几种有代表性的职业教育人才培养模式进行简要介绍。

1. 国内职业教育人才培养模式

（1）"2+1 顶岗实习"模式。这种模式打破原有的学校学习时间跨度的局限，由原来三年都主要在学校学习改变为在学校学习两年理论知识，第三学年在企业进行实践学习。

在企业学习期间，主要是在企业进行岗位实习与培训。其主要特征如下。

①打破了传统僵化的课程学习场所与时间限制，改变了课程体系结构，实行工学结合。

②各个阶段的学习目标与内容明确具体。

③更符合职业教育人才成长规律，使学生更清晰地接触和掌握行业最新的实践知识和技能。

（2）"订单式"模式。"订单式"模式近年来也是职业教育探索人才培养途径的一个重要探索。这种模式是学校与企业根据企业岗位人员在人数、岗位和人才标准的需求方面制定共同的目标，设立相对应的专业，开展人才培养。企业提供相应的资助，学校进行指定人才的"订单式"培养。这种模式在调动企业参与人才培养的积极性方面起到独特的作用。但是这种模式具有一定的局限性。其一，学校必须根据企业的需求，进行及时的培养专业的设置与调整，不利于学校的长远计划与发展。其二，合作企业必须是发展良好的优质企业，在人才需求数量和质量等方面必须达到一定标准。其三，人的培养与成长过程本身是一个变化的、动态的复杂过程。在学习过程中，社会、行业、学生本身的职业观等都会发生变化，"订单式"模式的培养就会呈现较大的局限性。该模式的特征如下。

①学校、学生和企业三方利益诉求明确。通过签订培养协议，学校按照职责进行企业岗位需求人才的培养，学生入学前就明确自己未来的职业岗位好就业单位。

②共同参与实施人才培养。校企双方结合当前社会经济发展的特点以及行业发展趋势，共同制订满足三方利益、符合教育规律的人才培养计划。

③企业按照协议接纳学生到规定岗位就业。

2. 国外职业教育的人才培养模式

国外职业教育的人才培养模式也对我国有重要的借鉴意义和启发价值。本书选取对我国人才培养模式起到重要启发的两种模式进行简要介绍。

（1）德国"双元制"模式。德国职业教育的"双元制"模式起源于1948年。20世纪60年代，德国政府在教育法中对这种培养模式进一步立法规定，使其发展进入一个更加良性的和崭新的发展时期。这种模式的主要特点如下。

①校企双方共同实施人才培养。在培养方案的制订，培养方案的实施、保障与评价等过程中，共同强调实践和理论两方面的学习，强调学生在获得基本从业能力的同时，还要获得职业场景中的综合职业能力。

②师资队伍的双元结构。优质的师资为德国高素质技能人才的培养

提供了可靠保障。"双元制"模式的教师由具备精湛实践操作技能的企业、行业实践教学指导教师，以及来自职业院校的有着丰富理论基础的教师共同组成。

③完善的配套职业教育法规。为了保障"双元制"模式的教学运行，国家出台了职业教育培训领域一系列的政策法规，如《职业教育法》《职业促进法》以及《青年劳动法》，对学校、企业和学生等各自的权责进行了明确的规范。

（2）英国BTEC模式。这个模式在当时的历史背景下，推动了英国的职业教育的发展。尤其在推行国家职业资格证书制度方面，其做法对我国推行双证书培养制度有较大启发。其主要特征如下。

①确立了以"学生为中心"的教育理念。其核心思想是以学生自主发展为基础，鼓励学生发展独创和探索精神，鼓励学生独立思考并大胆质疑。

②多元整合的课程标准。这种课程模式强调为学习者提供灵活多元的课程选择，每个专业、每个单元都分为必修与选修，重视整合的能力观。

③严格的质量考核评价制度。该模式为了确保高效性，制定了一套十分严格的考核体系。

第三节　高职体育教学的功能

对于体育教学功能的深度挖掘，有助于为后续的深度研究打好基础，也使得高职的体育教学价值充分展现。本书结合学术领域的相关研究，对其具体内容综述如下。

高职体育教学有以下功能。第一，高职体育教学具有评价功能，既能够评价教师的综合能力，又可以对学生的基本情况有充分的了解。第二，高职体育教学具备德育功能，高职体育教学实践的可拓展性较强，可以尝试将更多的红色文化、团结精神融入其中，在达到强化大学生身体素质的基础之上，也可以促进学生的心理健康，达成德育目标。第三，高职体育教学具备传承传统文化的功能，能够将传统文化以生动的方式诠释和呈现。第四，高职体育教学本身有思政教育的属性，能够帮助学生建立良好的行为习惯，并能够通过多元内容的提供，为学生的心理疏导提供必要支持与基础条件。有学者从高职的体育舞蹈教学出发，认为体育舞蹈的教学实践能有效强化学生的心理素质，并能达到学生的形体锻炼目标。在高职体育教育实践中，高职院校应始终坚持以育人为核心目标，通过对育人功能的深度挖掘，使传统的课堂空间被激活，使学生的成长环境得到系统优化。高职体育舞蹈教学实践能够培养学生顽强的意志品质和团队精神，并在长期的锻炼与实践的过程中，使学生的学习感知力能得到进一步的强化。从评价功能的视角出发，高职院校应通过高职的体育教育实践来进一步优化评价方案，将评价侧重放在多层面，最终为学生的成长空间提供必要支持。高职体育教育的受重视程度如果明显提升，可以为学生的身心健康提供坚实保障，最终给学生带来良好的学习体验，使学生感知体育课堂的独特魅力。

总的来说，体育教学的功能已经得到全面验证，包括德育功能、心理教育功能、体质强化功能等，在未来的研究中，还需要被不断地深度挖掘，最终使体育教学的价值生动呈现。

第二章　高职体育教学理念

随着我国素质教育的深入推进以及人们对体育教学认识的改变，原有的体育教学理念和模式已经无法适应现代社会高等教育的发展。因此，改变原有的体育教学理念已经成为高职体育教学必须解决的问题。只有树立适应社会发展要求的体育教学理念，才能使高职体育教学真正发挥价值。本章分为以人为本、健康第一、终身体育3部分。

第一节　以人为本

一、以人为本的内涵

以人为本是指充分尊重人的个性需求以及满足人的基本诉求，其最终目标是促进人的全面发展。以人为本的教育管理，就是要通过关心学生的利益发展、尊重学生的需求、发挥学生的积极主动性，使学生将个人目标与教育目标有机结合，达到教育的根本目的。

坚持以人为本开展教学工作，是关系到社会主义建设的重大方向问题。高职体育教学工作应做到与时俱进，坚持以科学发展观、习近平新时代中国特色社会主义思想为指导，以立德树人为教育的根本任务。坚持从学生的成长与成才的角度出发，以育人为核心，加强大学生思想政治教育，完善体育教育理念与教育方法，了解并尊重学生的成长发展趋势，因势利导。坚持从实际出发，使高职体育教学工作更贴近学生、贴近生活、贴近实际；帮助学生解决思想上、生活上和学习上遇到的困难，发掘学生的潜质，引导学生关注自我纵向成长；注重学生的个性发展和人格塑造，最大限度地发挥学生的主观能动性。

二、以人为本体育教学理念的应用

（一）改变体育教育观念

以人为本强调人的发展，重视学生在体育教学中的地位。在新的体育教学实践中，贯彻以人为本体育教学理念，应重视教学模式、教学方法等的创新，改变"填鸭式"教学，通过多元教学方法的运用调动学生体育学习和参与的积极性，围绕学生兴趣爱好和体育需求开展教学，突出学生在教学中的主体地位。

（二）明确体育教学目标

在以人为本体育教学理念的指导下，体育教学目标应该充分体现社会本位目标与学生本位目标的统一。具体来说，就是要将传统体育教学中单纯追求社会本位目标的模式打破，有机统一社会本位目标与学生本位目标。在教学中，这体现为以下两点。

1. 社会本位

要求重视学生未来走向社会的发展，将体育教学的价值主体确定为社会。也就是说，体育教学应该满足社会发展的需要，培养社会发展所需要的人才。

2. 学生本位

要求重视学生的个性化发展，在体育教学中以学生为价值主体。也就是说，在体育教学实践中，对学生个体的需要加以把握，以学生的兴趣和需要为出发点组织教学，促进学生自由、健康、全面发展。

（三）科学选择体育教学内容

以人为本体育教学理念要求在体育教学实践中围绕学生选择相应的体育教学内容，具体如下。

（1）以学生特点为依据选择教学内容。

（2）教学内容应具有娱乐性和趣味性，有利于提高学生的主动性和积极性。

（3）教学内容应具有创新性，能够满足学生求新的心理和需求，并促进学生创新意识的形成和创新能力的提高。

（4）选择实用的、与社会和生活联系密切的、可以使学生终身受益的体育教学内容。

（5）选择更方便普及的教学内容，便于学生在日常生活、学习、工作中练习。

（四）尊重学生，因材施教

在体育教学实践中，教学工作者（主要指教师）应当树立以学生为中心的教育理念，在遵循学生身心发展特点和规律的前提和基础上，开展体育教学。

以人为本强调个性化的教学，在体育教学过程中，关注学生的个性差异和学习努力程度、学习进步程度等的区别；尊重学生的个性特点，围绕不同的学生，有针对性地开展教学（内容、方法、模式等），注重因材施教。

（五）关注教师，改进教学

从广泛的意义上来讲，以人为本中的"人"包括体育教学活动的所有参与者，学生是教学的主体，教师也在体育教学活动中发挥着十分重要的作用，因此在关注和尊重学生的基础上，也应该关注和尊重教师，充分发挥教师的作用。

学校要在体育教学实践中，体现对教师的人文关怀，应做好以下工作。

（1）为教师营造宽松的工作环境，合理规定教师的工作量，进行科学考核，择优嘉奖。

（2）关注教师发展，对体育教师的管理不应该过分强调强制性，而应注重人性化。

（3）尊重和信任教师，不要制定过多的规则、制度来限制他们的想象力、创造力和创新能力的发挥。

第二节 健康第一

一、健康第一理念的概念和优势

（一）健康第一理念的概念

1950年，针对体育教育的开展，毛泽东率先提出了"健康第一，学习第二"的体育教育指导思想。随着高考制度的逐渐恢复，人们的学习热情空前高涨，再加上学校为了进一步提高升学率，导致体育教育一度被人们忽略，也阻碍了健康第一体育教育理念的落实。面对这一问题，1999年，中共中央、国务院发布了《关于深化教育改革全面推进素质教育的决定》，该文件再次重申了健康第一体育教育理念的重要性，要求在当前的学校教育中，必须积极推动健康第一教育理念的落实，不断推动体育教育工作的开展，提升体育教育质量水平，从而让学生掌握一些基本的体育运动技能，保持健康的体魄，养成体育锻炼的好习惯。时至今日，健康第一体育教育理念依然不过时，尤其是素质教育的深入开展，赋予了健康第一教育理念更多新的内涵，不再局限于字面上的身体健康，更加关注学生的心理健康与社会适应能力，注重培养学生掌握更多的体育运动技能，引导学生真正参与到体育运动中，培养学生终身体育的意识等。当前健康第一体育教育理念主要包括4个关键内容，分别是运动参与、运动技能、身体健康、心理健康与社会适应。

（二）健康第一理念的优势

在体育教育中，健康第一教育理念有着非常多的优势，具体包括以下几点。

1. 明确了体育教育核心目标

健康第一直指我国开展体育教育的核心目标，即为了更好地维护学生的健康。身体是革命的本钱，无论学习，还是革命，身体健康都是第一要素。健康第一的教育理念与当前教育功利性氛围形成了强烈的反差，更是对当前教育工作者的一种警醒。教育工作的开展，不应仅仅为了升学率，也要注重维护学生的身心健康。让学生能够长久保持健康的体魄以及积极快乐的生活态度，这才是教育的终极目的。

2. 提升了体育教育质量

体育学科与其他学科最大的不同之处在于，该学科不局限于理论知识层面，而是更加注重体育技能的实践。但在传统的体育教育模式下，依然受理论学科教学的影响，没有将学生的健康放在第一位，而是更加关注学生通过体育学习掌握了多少种体育技能，能够取得何种成绩。这种体育教育理念显然是错误的。健康第一教育理念能够有效纠正体育教师这种错误的体育教育观念，使教师更加关注学生的身体健康，让学生能够通过体育课程不断提高自身的身体素质，这对整体体育教育质量的提升有着非常重要的作用。

3. 激发了学生对体育学习的兴趣

在传统的体育教育模式下，学生的主体地位无法得到充分彰显，多是跟随着教师的示范，反复模仿练习体育技术动作，难以感受到体育学习的乐趣。因此，很多学生认为体育学习是枯燥无趣的。虽然上述体育教学模式对学生的"身"能够起到一定的锻炼作用，但无法促进学生"心"的发展。而健康第一体育教育理念注重学生身心健康共同发展、共同进步，能够让学生达到真正意义上的健康。

二、健康第一体育教学理念的应用

（一）内容架构

在高职体育教育中，针对健康第一体育教育理念的实施，首先需要明确其基本的内容架构，具体包括以下4点。

1. 运动参与

该项体育教育理念内容，主要体现在学生参与体育学习和锻炼的态度及行为方面，要求学生能够积极主动地参与到体育学习的过程中，最终能够形成积极的体育行为和乐观开朗的人生态度。

2. 运动技能

该项体育教育理念内容，主要体现在学生在实际进行体育学习的过程中，具备完成运动技术动作的能力，也彰显了在健康第一的教育理念下，体育教学注重以身体练习为主要手段的特点，更有利于提高学生的身体健康。同时，健康第一体育教育理念下要求具备的运动技能，对高职学生的体育学习也提出了更高要求，不仅要求学生能够掌握相应的体育运动技能，提高自身的身体素养，而且更加关注学生安全从事运动的能力以及体育运动意识的培养。

3. 身体健康

该内容是健康第一体育教育理念中最为基础的一项架构内容，主要体现为学生能够拥有良好的体能，且身体机能正常、精力充沛。这项内容注重通过加强体育锻炼，促进学生身体机能全面发展，促使学生环境适应能力得到有效增强。在此基础上，学生还能够主动关注自身健康，认识到营养、行为习惯和疾病预防对身体发育和健康的影响，能够自觉抵制各种危害健康的不良行为，最终形成健康的生活方式。

4. 心理健康与社会适应

该项体育教育理念内容，主要体现为学生是否具有健全的人格以及能否与社会和谐相处。在实际开展体育教育工作的过程中，学校要注重培养学生的自信心、坚强的意志品质、良好的体育道德等，同时，引导学生掌握一些调节心理情绪、与人交往的方法，形成坚韧不拔的意志品质。

（二）实施要点

1. 明确体育教学任务

现代体育教学应促进学生的健康、全面发展。具体来说，在体育教学实践过程中，各项体育教学活动的开展应建立在多维健康观的基础上，重视学生的身体、心理、智力、社会适应能力等多方面的发展，通过体育教育教学培养健康的符合社会和时代发展需求的高素质优秀人才。

2. 落实体育健康教育标准

（1）调整体育教学内容，普及科学的锻炼知识，真正实现增强学生健康的目的。

（2）依据新的国家学生体质健康测试标准，制定具有区域特点的、符合学生差异的学生健康考核标准。

（3）允许学生根据自己的爱好和特点自由选择体育项目，使他们真正参与到体育教学。

3. 创设趣味体育教学内容

在健康第一体育教育理念的指导下，针对高职体育教育的开展，学校必须积极转变以往的体育教育观念，注重彰显学生在体育课堂中的主体地位，引导学生真正参与到体育运动中，达到"运动参与"教学目标。例如，在实际开展体育教学时，为了有效锻炼学生的体能，在引导学生进行下肢力量训练时，教师应先进行简单的示范，引导学生尝试练习左右脚绕小圆垫单脚交替跳。在学生逐渐熟悉动作要领后，为了避免引起学生的烦躁情绪，教师应引导学生积极主动地进行后续的体育运动训练。教师可以引入"串门趣味体育小游戏"，通过引导学生以"家"为出发点，采用单脚跳与双脚跳的方式，先跨过其他人的"家"，通过反复跳跃练习后，再跳回自己的"家"。采用趣味游戏体能训练的方式，既能够有效训练学生的体能，又能够消解体育运动练习的枯燥性，激发学生的体育学习兴趣，进而使他们积极参与体育运动学习。

4. 加强体育运动技能教学创新

针对健康第一体育教育理念在高职体育教育中的实施，学校还应注重引导学生熟练掌握及运用相关的体育运动技能。为了进一步提高学生体育运动技能学习的效果，教师可以加强高职体育运动技能教学模式创新，如可以在高职体育教育中引入"运动教育模式"。该教育模式与传统体育教育模式相比，更加注重学生体育运动技能的实践培养，主张凸显体育运动教学内容的趣味性，一方面注重吸引学生主动参与，另一方面注重学生能够通过运动竞技的方式真正参与到体育运动技能训练中，因此更有利于学生对体育运动技能的掌握。在具体实践方面，教师应做到以下几点。

（1）体育教师应提高对课堂常规构建的重视。课堂常规内容要求教师先了解高职学生所在班级的基本情况，如男女性别比例、对体育学习兴趣的个体差异、是否有特殊学生等。在此基础上，教师还应向学生介绍运动教育模式的特点，端正学生的学习态度，共同营造适合运动教学的氛围。

（2）科学合理地分组。这是开展运动教育模式的关键，其原因在于，在运动教育模式下，教师开展体育竞赛活动，可以锻炼学生的运动技能。体育教师需要提前做好分组工作。在具体实践方面，教师可采用异质分组的方式，根据学生的体育能力、性别、性格差异等合理分组，分组后允许学生在以均衡分组为原则的基础上，进行适当的调整，为后续的运动竞赛做好充足的准备。

（3）合理控制竞赛激烈程度。在运动教育模式下，设置了"赛季""竞赛"机制，目的是激发学生的运动动力，为学生提供一个真实的运动实践情境，有效培养学生的运动技能。但这也很容易导致学生出现运动损伤，因此，高职体育教师应根据学生的身体状况、心理特点、运动水平等，合理控制竞赛激烈程度，以免学生在竞赛中受到伤害。

5. 注重加强体育心理健康教育

在健康第一体育教育理念下，高职体育教学还应注重从德育层面出发，加强高职学生心理健康教育工作，真正实现高职学生身心健康共同发展。比如，在实际开展足球、篮球等团体性体育运动教学的过程中，教师除了注重运动技巧的教学，还应开展一些比赛活动，让学生在比赛竞技中快速成长，培养高职学生坚韧不拔的品质，培养学生集体意识、团队合作精神以及无私奉献精神等。此外，高职教师也可以引导学生开展一些户外运动项目，如登山、越野跑等，从而有效培养高职学生的团队意识、战略意识以及领导能力等。

除此之外，针对高职体育教学的开展，教师还应提高对体育文化教育的重视，如利用新媒体力量，为高职学生播放一些体育纪录片，让高职学生通过动态的视频，感受到我国体育运动健儿在为国争光的背后，所付出的超出常人的辛苦与努力，从而让高职学生认识体育文化，理解体育文化背后的思想道德观念，以在潜移默化中落实体育德育教育，成功塑造高职学生健康的心理。

第三节 终身体育

一、终身体育概述

（一）终身体育的概念

自20世纪90年代以来，随着体育教学的改革和发展，终身体育理念逐渐为人们所知。对人类来说，健康的生活方式之一且终身进行身体锻炼，接受正确的体育教育。解读终身体育的含义，需从两个层面加以展开：其一，一个人从诞生之日起直至生命结束，均应不断学习并参加身体锻炼，并将之作为终身的明确目的，最终使体育锻炼与学习成为一生之中不可或缺的重要内容；其二，在终身体育思想的指导下，与体育相关的内容应该在社会层面形成完整的体系，以便帮助所有人在人生不同的时期、不同的生活领域均能找到适当参加体育活动的机会。

终身体育理念的提出，得到了许多国家体育学者的赞同，并逐渐形成一种新的体育思想。从理论依据方面来说，可从以下两个层面进行理解。其一，人的一生都需要体育锻炼。每个人都需要经受生老病死的过程，没有任何人能够例外。普遍存在的现象是，每个人都会经历生长发育期、生理机能成熟期以及衰退期。尽管上述发展过程不可逆，但适当、长期、科学、正确地参与体育锻炼，能够强身健体，使机体在较长时间内处于健康的状态，并在人生各个时期都会展现出积极的状态。具体而言，在生长发育时期，体育锻炼可以促进身体的正常生长、发育；进入生理机能成熟期后，保证一定强度的日常锻炼，可帮助人们保持旺盛的精力和充沛的体力，进而干劲十足，同时有助于提高生活和工作质量；随着年龄的增长，当人们的身体进入衰退期后，适当参与体育锻炼，能够有效延缓衰退，达到延年益寿、安享晚年的目的。总之，在不同的人生阶段，人们参与体育锻炼的目的和参与的具体项目尽管会出现差异，且不同个体之间也会在选择方面出现不同，但长期坚持正确的锻炼方式确实存在益处。其二，终身体育是现代社会发展的切实需要。一方面，生产、生活方式发展到现代已经发生了翻天覆地的变化，诸如糖尿病、心脑血管疾病等"富贵病"日渐年轻化。很多人的生产方式从体力劳动转变为脑力劳动，因长期久坐且缺乏锻炼，加之熬夜、摄入较多碳酸饮料等因素，导致肥胖人数激增，提高了多种疾病并发的概率。生产方式与社会生产力的主要形式息息相关，指望人们一夜之间重新回到体力劳动年代是一种不切实际的幻想。故为了解决上述问题，人们必须具有锻炼的理念，只有正确认识终身体育理念并自愿参与体育锻炼，才能强身健体、预防疾病。另一方面，作为现代社会必不可少的一部分，体育的商业价值正在被逐步深挖。终身体育理念一经提出，得益于其健康、积极的特点，迅速与社会主流舆论价值相结合，这有助于在社会中创造更多的就业岗位。由此可见，终身体育已经不仅是一种教育层面的指导思想，而且在社会的方方面面均会产生积极影响，故人们必须提升对终身体育的重视程度。

（二）终身体育的特点

1. 终身性

终身体育，顾名思义，即个体应当保持体育锻炼的兴趣和习惯，将体育锻炼作为人生的一部分，这样才能真正让体育融入生活，在体育锻炼过程中实现个人的新发展。与传统的体育教学理念不同，终身体育理念中的体育锻炼不受形式及时间的限制，人们可以依靠个人兴趣主动进行体育锻炼。

2. 多重性

多重性指的是终身体育具有多维化的目标和形式，强调体育的多样性和个性化。受经济、文化、地域等多种因素的影响，国民的身体素质、体育观念、体育习惯存在多种差异，因此，终身体育应具备多重性特点，以满足不同群体的体育需求。

3. 民主性

民主性指的是终身体育是国民体育，与其相关的各项制度、法规、措施都应符合国民的客观需求和国民经济的发展趋势，能够体现广泛的民主性，并能激发国民强烈的参与意识。同时，民主性还体现在终身体育应以自愿自觉为基础，人人都享有自由、平等的体育活动机会和对体育场地、设施的使用权利。

4. 整体性

整体性指的是以体育运动场馆和健身设施为物质基础，各体育部门机构紧密合作，构成一个有机整体。如果将终身体育视为一个大系统，则学前体育、学校体育、学校后体育为3个子系统，任何一个子系统的变化都会对大系统产生影响。为最大化发挥终身体育大系统的整体性功能，应遵循"突出学校体育、分散社会体育、带动幼儿体育、加强家庭体育"的基本性原则，对各分项系统进行优化组合。

5. 多元化

终身体育理念在宣传过程中号召个体锻炼不受体育形式和标准的限制，人们可以根据个人兴趣及自身身体特点，选择更为匹配的体育锻炼内容。这样一来，不同个体可以在同一时间根据自己的兴趣爱好进行体育锻炼，满足了个体练习的团体性要求和自主的特色锻炼要求。另外，对于个人在不同阶段的成长变化而言，人们可以根据自身兴趣选择与自身年龄段所匹配的体育锻炼来强身健体，这样可以在保障个体锻炼活力的同时，提高个体心理素质，更有利于实现终身体育锻炼的目标。

6. 开放性

开放性指的是终身体育理念逐渐被更多的人所接受，体育逐渐渗透到生活、学习、工作等各个领域，成为现代生活方式的重要构成元素。同时，人们逐渐将终身体育理念政策化、措施化，通过具体的实践措施，使体育的德育、智育、文化、经济等多元化功能在各个行业领域凸显。

7. 目的性

终身体育的发展目标非常明确，就是通过引导群众保持定期的锻炼来增强自身身体素质，并且根据个人的发展目标，有计划地调整体育锻炼项目，继而提升个人的体育水平，改善个人的生活品质。

8. 全民性

终身体育并不是一个人的运动或者少数人的运动，而是通过广泛宣传，号召全体群众参与的运动。除了开展大体量的运动之外，人们也应根据个人的身体素质和运动水平，适当开展基础运动，并随着运动素质的不断提高，逐步引入更大体量的运动。终身体育理念和全民健身运动之间存在着极为密切的联系，是推动大众教育不断发展的重要理论支撑。

（三）高职体育教学与终身体育理念的关系

高职体育教学是学校体育的重要组成部分。大学既是中小学体育成果的强化阶段，也是学生体育行为中断的敏感时期。终身体育是以促进个体发展为中心，贯穿个体整个生命历程的体育行为。高职体育教学对践行终身体育理念具有基础性、导向性作用，终身体育理念则对高职体育教学的价值与作用予以延伸。

总体来看，二者共同为促进个体发展服务。

1. 高职体育教学是践行终身体育理念的基础

终身体育以培养终身体育意识和终身体育能力为基本目标，从而帮助人们养成科学、规律的锻炼习惯，为人的成长发展强基固本。高职体育教学则是践行终身体育理念的重要基础。如果说中小学体育教学以"强身健体"为基本准则，那么高职体育教学则是学生真正意义上接受体育综合教育的起点。

一方面，高职体育教学强调知识与能力的结合。无论是球类、操类还是舞蹈类体育课程，教师在教学过程中都会系统阐述运动知识，并结合动作示范与要领讲解来帮助学生内化体育知识、提升运动技能。

另一方面，高职体育教学突出效率与科学的协调。合理的运动负荷是保证体育教学达成既定目标的重要条件。高职院校在体育教学实践中，需根据课程实际制订运动强度与练习密度计划，而且应注重通过综合运用多种体能练习来丰富体能训练手段、联通体育知识与技能体系，以保证学生在科学规范的运动负荷下达到最佳学习状态。因此，高职体育教学对知识与技能、科学与效率的全面兼顾，为学生形成终身体育理念和习惯打下良好基础。

此外，现阶段的高职体育课程教学基本采用学生自主决定学习内容、授课教师以及学习时间的"三自主"模式，除教学资源配置、学生集体偏好等个别因素导致体育选课困难以外，学生大多出于个人兴趣爱好而选择体育学习内容，这有利于学生以更积极的态度和更饱满的热情投入体育学习，也对学生尽快掌握运动技能、取得良好运动成绩具有积极作用。从长远来看，学生在体育学习中的积极体验为其感受运动魅力、体悟锻炼价值以及实现自我效能奠定坚实基础，这对学生养成终身体育的意识和习惯具有积极作用。

2. 终身体育理念使高职体育教学的作用与价值有效延伸

在高等教育深化改革背景下，高职体育教学在帮助学生增长知识、增强体质、塑造品格等方面发挥重要作用，其角色与价值也日趋多元化、立体化。随着高等教育的价值回归，对人的关注再次成为教育教学活动的中心与重点。如何使学生在有限的校园教育中获得持续成长的能力，也成为高职及教师共同面临的重要课题。从学生发展角度来看，高职体育教学对广大学生具有基本的引导性和约束性。

高职体育教学周期长、学分比重大，学生对其课程地位的认可度较高，加之高职体育属于必修课程，学生除身体因素以外不分专业、性别，需统一完成必修要求。在此背景下，学生无论是否完全出于个人意愿，都会在学校体育教学安排下完成一定的学习任务。然而，学生毕业离校以后，求职就业、发展深造、成家立业等压力日益增大，加之脱离校园体育学习的环境和约束，能保持运动习惯的学生少之又少。终身体育理念是基于个体身心健康、终身受益的角度提出的体育锻炼理念，从内在角度阐释了健康第一与体育锻炼之间的必然联系，这也决定了终身体育理念能在社会高速发展的背景下被人们广泛认可和接受。终身体育理念不仅激发了人们对身心健康的内在需求，而且唤醒了人们认识运动、参与运动、养成规律运动习惯的记忆与追求。所以，终身体育理念使高职体育教学不再止于校园，而且会引导学生将从体育教学中获得的知识、理念、技能进一步应用于日后的成长发展之中，使高职体育教学的作用与价值有效延伸。

3. 高职体育教学与终身体育理念共同服务于个体发展

从价值角度来看，高职体育教学与终身体育理念都是以个体为中心，为促进个体长远发展而服务，二者追求的目标具有高度一致性。高职体育教学是学校体育的重要一环，是在中小学体育教育成就的基础上，帮助学生进一步内化知识、提升能力的教学活动。可以说，大学是多数学生接受体育教育的最后阶段，高职体育教学既是对既往学校体育教学的有序拔高，也是对学校体育教育生涯的整体总结。

终身体育是个体生命由开始到结束，持续学习和参与体育锻炼的完整过程，也是个体在体系化、整体化的体育目标下，在不同人生阶段和生活领域获得参加体育活动机会的实践过程。从先后顺序来看，高职体育教学作为学校体育的末端环节，其结果远达不到终身体育理念对个体整个生命周期的体育锻炼要求。从实践角度来看，终身体育理念往往在社会生活中更易被人们理解和接受，因而终身体育理念更倾向于学校体育的延伸与发展。

实际上，无论是高职体育教学还是终身体育理念，都是基于体育锻炼的重要性和必要性，从个体长期发展维度提出的体育实践要求。个体成长成才、融入社会需以良好的身心素质为前提，个体追求理想、提高生活品质也需以身心健康为基础，所以创新高职体育教学、践行终身体育理念，目的在于使体育锻炼思想贯穿个体成长发展的全过程，从而在意识层面为个体提供持续强化、高效互补的体育锻炼动力。

二、终身体育理念对高职体育教学的重要性

（一）有助于培养更多体育人才

无论是对学生还是其他人来说，身体健康都是发展的根本与基础条件。高职院校作为不断向国家和社会输送人才的主要阵地，培养高质量人才的使命十分艰巨。所谓高质量人才，指的是具备夯实的专业理论知识与实践能力，同时具备健康体魄与顽强意志等优秀品质的人才。其中，健康体魄与顽强意志等优秀品质最为重要，若想实现该目标，学校需要在体育教学中不断融入终身体育理念，使体育精神渗透大学生生活的各个方面，培养其终身体育意识。一方面，学校应强化校园体育文化构建，深化学生体育精神方面的熏陶和感染。另一方面，学校应重视实践教学，使学生切实参加体育教育活动，体验体育运动的特殊魅力，从而更加积极主动地参与集体性体育运动，强化团队合作能力以及集体荣誉感。身体健康是个体发展的根基，即便个体具有深厚的知识储备，亦要具备强健的体魄作为支撑，从而以更好的自己为社会和国家服务，最大限度地实现个人价值与社会价值。

（二）有助于生成特色体育理论

中国特色社会主义理论的生成是持续探究、持续优化以及持续自省的实践过程。自中华人民共和国成立到改革开放之后，中国始终在探究适宜中国国情的社会主义发展之路，并在实践过程中不断推敲和验证，建成了相对完善的社会主义理论体系。随着国家不断发展和进步，教育体制改革伴随主体制度变革的持续更新和深化，高职体育教学相关制度的创新改革亦在持续发展。

实践证明，终身体育理念是契合中国特色社会主义不断发展的主流态势，其从以往的体育知识讲解向体育观念、体育思想意识传播方向转变，深层次地融合了高职体育教学与社会体育教学理念，从根本上体现了体育教学需要落实的核心目标，即培养大学生终身体育意识，促进高职体育教学改革。

三、终身体育理念与大学生终身体育意识的培养

（一）终身体育理念下高职体育教学的优化

1. 融入终身体育思想

终身体育思想是我国全民健身计划的重要指导思想。高职体育教学作为全民健身计划中的重要环节，必然要以终身体育教育思想为核心，对现有体育教学的内容和模式进行改革，实现学生体育技能和体育意识的双重培养，为学生树立终身体育意识奠定坚实基础。

从体育教学内容改革的层面看，在终身体育教育思想指导下，高职体育教学内容应更加生活化。结合终身体育的内涵与特征，高职院校的体育教师应认识到，普通高职体育教学的目标并不是培养具有较高体育竞技能力的专业运动员，而是激发学生对体育运动的热爱，使学生学会利用体育锻炼的方式、保持自身的身心健康水平、提升学习和工作效率。因此，高职体育教师可以通过以下两个措施，将终身体育思想融入教学内容改革工作。

一是从学生的体育锻炼需求出发，增加学生感兴趣的体育教学内容。例如，针对女生的体育运动兴趣爱好和身体特征，教师可以增加瑜伽、形体训练、搏击操等教学内容；针对男生的体育运动兴趣爱好和身体特

征，教师可以增加健身、搏击、跑酷等教学内容。引入不同群体学生喜爱的现代体育项目，不仅能够丰富高职体育教学的多样性，提升体育学科整体教学水平，而且能够在一定程度上起到激发学生体育锻炼兴趣的作用，使学生自主进行体育锻炼，帮助学生逐渐树立终身体育意识。

二是强化高职体育教学内容与社会体育间的联系。学校和教师应定期深入社会，充分了解当地社会体育的发展状况，如体育场地和设施情况、民间最流行的体育运动项目、当地特色体育娱乐项目等，结合收集到的社会体育信息，有针对性地增加特色教学内容。这样既能够确保学生在步入社会后，在校学习的体育知识和技能有可用空间，又能够帮助学生顺利完成学校体育向社会体育的过渡，为终身体育意识的形成奠定良好基础。

从体育教学模式改革的层面看，基于终身体育思想的指导，高职院校体育教师应以终身体育思想和学生体育兴趣为核心，针对不同教学内容制定特色化教学模式，通过创设和谐、民主的教学氛围，在最大限度地调动大学生体育锻炼积极性的同时，实现知识技能教育和意识习惯培养双重体育教学目标。例如，教师可以用分层教学模式代替传统的统一化教学模式，通过性别、身体素质、兴趣爱好、特点专长等因素，将具备相同体育运动条件或需求的学生进行系统划分，再根据具体教学内容的特点，采用科学的方法进行授课。上述教学模式的创新，不仅能够最大限度地利用教学资源，而且能够使每位学生清晰地感受到个人的成长，从而对自身体育锻炼前景产生良好的自信心，逐渐培养良好的长期锻炼习惯和终身体育意识。

2. 优化体育教学模式

高职院校体育教师在教学过程中应当充分发挥自身的专业优势，结合所教授体育课程的特点对学生进行有针对性的教学，以增强学生身体素质、提高学生身体承受能力为目标，有计划地调整教学方案，这样才能提升学生的综合素质。高职体育教师在教学过程中必须正确认识学生的实际情况，结合学生的身体素质以及体育练习技巧来优化教学模式，并编制相应的教学大纲。高职院校体育教师应当在教学大纲的指导下对学生进行全面教学，坚持逐步引导的原则，引导学生在长期巩固练习过程中掌握体育锻炼技巧，这样能够使学生的体育锻炼热情明显高涨，体育锻炼技巧掌握程度有所提升，体育锻炼过程中出现问题的概率明显降低，自身综合素质也会随之提高。在编制教学大纲的过程中，高职院校体育教师必须重视对终身体育理念等新教学理念的落实，结合国际上的先进理论以及所教授学生群体的身体素质、体育素养等进行综合准备，这样才能推动高职体育教学大纲不断完善。

3. 完善教学评价体系

高职院校体育教师在教学过程中应当逐步调整教学评价模式，结合学生特点以及素质教育要求来调整教学评价方案，这样才能避免单一体育考核成绩对学生造成影响。在日常教学过程中，教师应当根据学生的课堂表现进行综合打分。教师还可以结合小组评价模式等新型教学模式，引导学生自由组队，通过组队练习教师所教授的体育技巧。教师以学生的团队合作表现为评价标准来给学生打分，并引导学生完成组内打分，可有效提高教学评价的客观性。同时，教师在教学评价过程中应当逐步摒弃一把尺的教学模式，在保障评价公平的基础上，根据学生的体育档案，结合学生的体育学习素养、身心情况以及体质变化等为学生综合赋分，必要时还应当给予学生额外加分，这样才能实现对学生的综合评价。

4. 重视高职院校体育教师团队建设

高素质的教师团队可以对学生体育学习进行更全面的指导，同时以更加妥帖的方式向学生传授终身教育理念，帮助学生养成终身体育的好习惯。这就需要高职院校在发展过程中，有计划地改进高职体育教师培养方案。一方面，高职院校要重视体育教学评价体系建设，应用合理的教学评价方法来引导高职体育教师，明确体育教学目的和课程教学重点，提升体育教学严谨性。另一方面，高职院校也应当有计划地对外引进优秀体育教师，并对内部已有体育教师进行终身体育理念宣传，使高职院校体育教师正确认识终身体育理念和自身教学之间的联系，并有计划地改进教学方案，将终身体育理念融入体育教学，依托高水平的体育教学向学生宣传终身体育理念，并通过与学生开展定期和不定期的沟通来激发学生的体育学习兴趣，提高学生的锻炼意识。

5. 稳抓体育基础设施建设

好的体育环境可以改善学生对体育活动的认知，吸引学生主动到体育活动场所进行体育锻炼。为此，高职院校在发展过程中应当有计划地加强体育基础设施方面的投入，根据学生的体育学习课程来建设对应的体育设施，并且严格落实现代化体育教学观念，及时采购系列体育教学器材，为学生开展体育锻炼提供充足的器材，并将对应的防护设施落实到位，保障学生体育锻炼安全性。

（二）影响学生终身体育意识形成的因素

1. 学生的生理与心理特点

大学生还处于身心发育的阶段，并且男生与女生之间也有着明显的差异。根据过去高职体育教学的实际情况来看，女生对参与体育活动的兴趣远远落后于男生。这其中很大一部分原因是女生存在顾虑，一方面是身体性征特点的约束性，另一方面则是心理上害怕动作不标准被别的同学笑话。

2. 体育教师

体育教师在体育教学中起着十分重要的作用，而教师的年龄、性别、教学特点以及素质能力都会对学生的终身体育意识产生一定的影响，也会决定体育教学的效果。在教学中，教师应采取参与其中的教学方式，让学生可以从心理上提高对体育锻炼的重视，并且教师所具有的良好的个人魅力和较丰富的专业知识能够影响学生，使学生逐渐养成锻炼的习惯。

3. 体育教学环节

过去，无论是教师还是学生都不太重视体育教学，因此造成了体育教学效率低下。具体体现为教学环节单一，大多数教师缺少创新意识，体育课程内容没有新意。这样就导致学生逐渐失去参与体育运动的兴趣，不利于培养学生的终身体育意识。

4. 体育目标

（1）运动参与目标。运动参与目标要求学生在学校体育中，积极主动地参与学校组织的一切正常体育教学、课余体育训练与竞赛，有的高职院校甚至对这些体育活动实行查考勤、加学分的制度，以便更好地激励学生参与进来。学生积极参与学校组织的运动或者自发地进行体育锻炼，都是良好体育态度的表现，对学生体育锻炼行为习惯的形成具有重要意义。不论是体育教学还是课余体育训练、竞赛，都对学生终身体育意识的培养有促进作用。

（2）运动技能目标。运动技能目标的实现主要体现在体育教学上，体育课的目的不单单是锻炼学生的身体，更多的是传授学生1~2个运动项目，使学生掌握运动项目的基本技能，能够在今后的生活中、学习中受益。体育是人类离不开的文化活动，运动技能的提高可以让人更有信心和兴趣长期坚持这一运动项目，促进终身体育的意识逐步形成。

（3）身体健康目标。作为学校体育目标的重要一点，身体健康目标至关重要。经常参加体育锻炼，可以改善身体机能，提升抵抗力。生命在于运动，没有健康的体魄，谈何学习？大学生只有拥有健康的身体，才能扛起国家民族的大梁。达成身体健康目标是培养大学生终身体育意识的重要一环。

（4）心理健康目标。体育锻炼要讲科学，避免不合理的运动给学生带来身体及心理上的伤害，否则就失去了体育的本质意义。学校体育教学方法通常以游戏的形式激发学生主动学习，游戏可以在体育练习中使学生的性情得到陶冶；同时，校园体育文化建设、校运会体育竞赛也可以使学生心理健康得到提高。

（5）社会适应目标。社会适应是大学生必备的人格品质，体育无男女、国界之分，通过体育活动，大学生可以结交更多良师益友，缩短与同学或陌生人之间的距离。社团组织的一些体育文化活动可以提高学生的群体意识、协作能力，这对毕业后学生的社会适应有很大的帮助。体育同时也教会学生合作竞争，培养克服困难、战胜自己的能力。

（三）大学生终身体育意识的培养策略

新时代"体教融合"注重学校教育改革，完善教育制度，实现全面素质教育；以学生为主体，重视学生兴趣、人格、意志的培养；开展体育竞赛，完善体育竞赛评价制度，使学生积极参与其中，加强学生的主观能动性；提高体育学习评价的全面性，客观评价学生学习成果，树立健康第一的教育理念，培养德智体美劳全面发展的人，使之成为我国建设体育强国的重要基石。

1. 深化终身体育认知

校园作为体育教育的前沿阵地，要充分了解教育导向作用。随着"体教融合"如火如荼地进行，体育、教育、文化、思想都在向着多元化方向发展，并将贯彻到校园教育中。学校教育的改革有利于深化终身体育认知。对此，相关学校教育部门不仅应对学生开展有关教育，还可以通过家庭沟通的方式促进学生终身体育思想的认知。因此，未来校园教育关于体育活动的展开可以倾向于家庭参与模式，并非单纯地让学生进行体育锻炼，而是通过家庭运动会的模式来展开。当然实现这一模式需要学校、教师和学生共同的努力，还需要家长的积极响应。

2. 培养学生体育兴趣

培养学生体育兴趣就要从学生出发，以学生为主体，了解学生的爱好，然后循循善诱，使学生不仅能做动作，而且能知道其中的技术原理。例如，男生喜欢打球，女生喜欢舞蹈等。学校可以为男生组织竞赛活动，调动学生比赛积极性，使他们在竞赛中了解项目技术动作和理论知识；为女生开展一些轻松的体育活动，如广播体操、健美操等。根据不同学生的不同心理安排不同的教学活动，使学生热爱这项活动。情感的建立在于学生在体育锻炼过程中能获得美感以及自身的满足感，这对学生养成终身体育习惯有很大帮助。让体育融入学生情感，成为学生的兴趣所在，才能真正落实终身体育思想。

3. 创设校园体育文化环境

校园文化作为校园人文精神的集中表现，在体育教育中具有无形的熏陶作用。在体育教学改革中，若想有效培养大学生终身体育意识，学校方面要完善基础设施构建，健全体育赛事相关组织建设，借助组织活力性较强的体育项目运动，吸引大学生广泛参加体育锻炼活动。

高职院校要将立德树人任务落到实处，在推进体育教学改革的过程中积极创设校园体育文化环境，通过课堂教育以及课后实践活动的有机融合，让大学生在掌握体育运动专业技能与方法的同时，进行体育锻炼，从而实现愉悦身心的教育目标。大学生经过课堂体育锻炼与课后实践运动相融合的有针对性的强化训练，通过学习、复习和巩固，能够加强其参与体育锻炼的意志，培养其终身体育意识。

4. 使用多样化教学内容

在体育教学改革中，若要让学生产生终身体育意识，最关键的是提高大学生对体育的兴趣。学校可以利用系统学习激发大学生对体育运动的兴趣，并提高其运动能力，从而使大学生收获良好成效。以此为基础，高职院校在实施教学改革期间，需使用多样化的教学内容，提高教学活动的趣味性，使学生提高学习体育学科的兴趣，在体育锻炼时更加自觉，积极性更高。

5. 积极开展体育竞赛

大学阶段的学生身心发展逐渐成熟，已经具备相当不错的身体素质，这一阶段的学生需要更多竞争性的项目。在竞赛中发展学生身心也是非常好的举措。教师应善于发现学生特点，在教学中多采用比赛、游戏的方式，充分吸引学生的注意力并激发竞争意识，要让学生知道比赛不仅有胜负，而且要以正确的态度去对待它，提高学生对体育竞赛的认识，唤起学生体育终身化的意识，使体育锻炼成为学生未来生活的重要组成部分。体育竞赛的竞争性正符合目前阶段学生心理、生理需求，有利于激发学生的上进心，使机体得以全面发展，运动能力得以提高，使学生更加深刻地了解体育，从而认识到体育的重要性，最终唤醒其终身体育意识。

6. 完善体育学习评价

学生的体育学习评价是体育教学中的重要环节，"评什么，怎么评"，关系到学生的进步和发展。评价过程中根据学生的不同情况，可以确定与之相对应的教学内容，保证每个学生都能在教学过程中充分发挥自己的特长，提高学生的综合素质，使评价成为促进学生更好地提升体育运动能力、提高身体机能、焕发精神活力的有效手段。在此基础上，教师评价学生时，不仅要对学生最终成绩进行评估，而且要关注学生在学习过程中的行为表现，尤其是学生在学习过程中取得的进步，使学生产生对体育学习的兴趣，从而激发学生体育锻炼动机。所以客观、完善的学习评价对学生全面发展和终身体育思想的觉醒是尤为重要的。

7. 优化终身体育活动形式

在发挥体育课程教学目标作用、促进高职体育教学工作改革的过程中，高职院校应该高度重视学生终身体育意识培养的价值，合理结合高职院校特色体育课程教学方式，对学生的终身体育意识进行强化，并尊重学生的个体差异。学生可以在课堂学习中，获得更多与终身体育发展和学习有关的技术技能。教师应让学生结合自身的兴趣爱好，推动个人能力的提高和学习习惯的有效形成。教师可以构建学生体育活动的小组，优化终身体育活动形式，并结合活动课程化要求，精心策划每年的秋季运动会、励志趣味运动会，要求学生组成多个体育课外活动社团，如田径队、篮球队、啦啦操队和羽毽社等，从而使学生在学习和活动开展的过程中更好地融入其中。在学校体育活动和比赛项目的开展中，各个小组可以明确自身的活动时间、地点，然后具有针对性地制订活动计划，通过活动和比赛不断提升组内学生的体质，进一步巩固身心健康，帮助组内学生在掌握体育基本知识的基础上，提升体育运动技能和体育学习习惯。

8. 提高大学生自我锻炼水平

教师在学生成长期间扮演重要角色，为学生指明正确方向。教师需更加关注学生主体性，通过因材施教的方法组织体育课堂教学活动。教师在设计所有与体育教学有关的方法之前，需综合大学生特点、爱好和兴趣，同时提高宣传力度，利用宣传栏和广播站等，创建积极向上的体育教学环境。高职院校也应更加重视物质建设，把学校内的一些空间作为体育场地，积极组织丰富的健身活动，如此可以提高大学生学习体育的兴趣和热情。高职体育教师应积极开展实践活动，为大学生讲解理论知识，让大学生在实践活动中灵活运用所学的理论知识。例如，高职院校体育教师可以组织排球赛或篮球赛等，此方法能让大学生提高体育锻炼积极性，产生良好的终身体育意识。

高职院校体育教师需提高自我锻炼水平，在为学生讲解体育技能期间，需提高体育锻炼的认知水平，通过丰富的教学方法实施课堂教学活动，这样大学生会产生主动训练的意识。其中，对大学生终身体育意识产生重要影响的内容就是独立锻炼水平，大学生应逐渐提高锻炼次数，提高自身的自我锻炼能力。同时，高职院校体育教师也需充分发挥主导作用，通过激励学习动机提高大学生自我锻炼水平，使大学生体会体育锻炼的魅力。并且体育教师也需组织特色活动，如多器械或单器械活动等，让学生产生终身体育意识，同时有针对性地指导大学生进行体育锻炼，通过耳濡目染的方式，提高大学生自我锻炼水平。

9. 提高体育教师业务能力

教师应树立终身学习观念，不断培养自身业务能力，以学生发展现状为基础组织教学活动，同时尊重学生间存在的区别，针对所有学生制订不同的学习计划。例如，男女生之间的身体素质有所不同，高职院校体育教师需让男同学进行对抗项目，组织女同学进行柔韧性活动，如此既可以让大学生体会体育学科的魅力，又可以实现锻炼身体的目的。高职院校体育教师也能利用口令或引导性话语使大学生产生运动自信。因为体育学科具有特殊性，高职院校体育教师也能利用演示手段为学生讲解体育知识，若是学生存在疑问，教师需积极解答。

高职院校体育教师还可以组织羽毛球比赛和篮球比赛等，此类比赛能提高学生进行体育锻炼的积极性，令他们了解体育教学的作用。同时，高职院校体育教师也需具备与时俱进的理念，以学生整体现状为基础，制订良好的训练计划，使大学生树立终身体育观念。高职院校体育教师在备课期间，要充分熟悉所有课程的详细教学目标，同时公平公正地对待所有学生，这样能建立良好的师生关系。

第三章 高职体育教育课程建设

第一节 重构高职教育体育类专业课程体系的意义

一、重构课程体系：提升高职教育体育类专业人才培养质量的必然选择

（一）国内外高职教育课程体系构建的类型

课程体系构建模式是指某个专业、某个课程将某种理论运用于实践的设计方法，是形式上的规律。课程体系构建本身则描述了某种较为具体的流程，其核心就是将课程体系构建过程中的各种复杂因素加以简化，从而表现出研究对象的特性和规律，便于人们认识和运用这些规律来指导构建实践。课程体系构建模式是课程体系构建过程中的重要程序和步骤，常见的课程体系构建模式有目标模式、过程模式和情景模式。

1. 目标模式

该模式的核心特点是以目标作为基础和核心来开展课程体系的构建，一切教学与课程行为都建立在目标的确定、实现及评价的基础上。目标模式是 20 世纪初课程开发科学化运动的产物。在实用主义哲学的指导下，在行为主义心理学的影响下，它强调目标的确定以及基于精确表达的目标的评价。它在课程设计的理论和实践领域中长期占据着重要的地位。美国课程专家泰勒在 1949 年的著作《课程与教学基本原理》中提出了一个根据目标、功能和结构来考虑课程设计的框架，将科学化的课程开发推向了极致。泰勒认为，学校是一个有目的的机构，教育是一项有

意图的活动。他给出了被学界称为"泰勒原理"的4个基本原理：了解学生应该掌握哪些经验、教师如何组织这些经验、如何将这些经验传授给学生、如何运用有效的评价方法来验证这些经验是否有效地传授给了学生。这4个基本原理对应课程体系构建时要回答的4个基本问题：课程体系应该达到哪些教育目标？提供哪些课程知识与技能最有可能实现这些目标？怎样才能有效地组织这些课程知识与技能？怎样才能确定这些课程目标是否得到实现？

目标模式具有"系统、完整、简洁、明了，易于理解和把握"的特点。泰勒原理作为目标模式的主导范式，为课程设计和体系构建提供了理性的分析思路。后来的学者在其基础上进行了补充，提出了惠勒模式、坦纳模式等。例如，1967年，英国课程专家约翰·阿奇博尔德·惠勒在泰勒模式中引进了反馈功能。目标模式倾向于受工业心理学影响，体现了目标导向的理念，与"科技主义"课程设计意识形态关系密切。它简化了课程设计程序且易于理解，合乎教育、政治、经济的要求。但其以工业生产流程隐喻学校教育的观念，因滥用行为目标及主张封闭的课程范式呈现出了较多的弊端，其模式忽视了课程主体的创造性与自主思考、判断和创新，过于强调目标的可测量性。

2. 过程模式

英国课程专家劳伦斯·斯滕豪斯在前期的研究基础上，为了弥补目标模式的欠缺之处，提出了过程模式。他指出课程体系的构建方法是以教育及知识本身固有的标准为依据进行内容的选择，根据课堂的现实状况，反映教育目的及教学过程的实际，而不是以预设的学生行为结果为准绳。它强调课程体系的开放性，强调学生的学习不是一个线性的被动过程，而是一个积极的参与和探索的过程，应注意学生的个人理解和判断力，评价应以教育主体及知识的内在价值和标准为依据。

该模式认为，对于那些以知识和理解为中心的课程领域，过程模型比目标模型更合适。有人认为，课程体系建设应选择体现有价值知识的内容，所选择的内容可以代表最重要的过程、最关键的概念和知识的内在标准。过程模型也有一些局限性。其价值标准已与消极目标相反，整个课程发展局限于抽象、演绎性单一来源的学科体系，而忽略了社会需求、知识的实用性及学生的接受程度，并且过于依赖教师自身素质。教师在评价上扮演的是学生学习过程批评者的角色，且评价相对比较主观，即使情况相同，每位教师也有可能给出不同的成绩。这种模式可能导致学生习得的知识内容发生偏差，因此，在实践中也较难完成。

3. 情境模式

情境模式是校本课程体系构建较常用的模式。它借鉴了目标模式、过程模式和其他模式的合理组成部分，并受到文化分析的深刻影响。这是一个更加灵活、全面和适应性强的模式。其代表人物英国教育家斯基尔贝克认为，校本课程开发是促进学校真正发展的最有效方式，应立足于对学校情境的微观分析基础上，构建校本课程研发模式；课程开发的中心及焦点是学校及其教师；它要求开发者把课程设计、实施与当地的社会、经济和文化背景等更加紧密地联系在一起，全面系统地考虑课程所处的实际情景，在全面分析和评估基础上研制课程方案。情景分析模式认为课程即经验，也就是教师、学生与环境的互动。这种模式将课程开发置于社会文化架构中，教师通过为学生提供了解社会文化价值、诠释架构和符号系统的机会，来改良和转变学生的经验，目的是鼓励学校、教师、家长、学生及其他人士能以创意、创新的概念，运用多种资源来开发校本课程。该模式不事先设定手段及目的分析，鼓励课程设计人员考虑开发过程中的不同要素，以一种系统的方式从事工作。它倾向于从学科、学生、社会的视角来考量。

上述课程体系构建模式没有一种是完美无缺的，但可以帮助课程构建主体理清课程设计所运用的方式。具体到某个专业课程体系，则应该根据课程目标及课程特点，采用不同的模式。在泰勒模式基础上，经过20世纪60年代课程知识大讨论和大量相关著作的问世，现代课程与教学的基本体系形成了，其研究范围涵盖了课程基本原理、课程设计与实施、课程评价、课程管理等诸多方面。虽然泰勒原理是"技术旨趣"和"技术理性"的，但在课程设计与实施领域，它仍然是一个重要的指南。因为该模式为课程研究和开发提供了范例。在全面研究的基础上，目标模式的每个问题都提出了具体的指导原则、步骤、要求和程序。这是一个完整的，系统的并可操作的模式。目标模式还创新性地将评价引入设计过程，从而大大提高了课程设计的科学性。另外，该模式还将学生、社会和学科作为目标来源，使目标模式有了更加科学的基础。

（二）重构高职体育类专业课程体系的意义

职业教育在工学结合领域的实践探索过程中，其传统实践教学模式使体育类专业的人才培养面临一系列的困难。其实践教学模式一般采用"2+1"或"2+0.5+0.5"的模式。这种教学模式的特点体现在，通过两年的在校学习和一年的企业实践工作的实践教学环节，或者在学校进行两年的理论学习后，在企业进行半年的专业实践教学环节，再回到学校学习半年的理论课程知识，完成各个部分两个环节的学习并获得学分后，方可获得毕业证书。这种工学结合的传统模式是职业教育课程教学实施的重要精髓和发展方向，将学校教育与企业培训的要求相结合，并且学生可以在毕业后有资格从事该企业的入门级工作。但是，传统的实践教学模式的人才培养困境已逐渐显现。这主要表现在以下几点。

第一，学校课程无法满足企业人才的需求。专业岗位的技术规范和专业能力要求难以体现。高职教育人才培养的目标是培养高素质的技术技能人才。职业能力是高职教育人才培养的关键。因此，实践教学是培养人才的综合职业能力的重要手段。科学的教学模式和课程体系应在高职教育教学体系中占据主导地位。在现有的教学模式下，实践教学是相对于理论教学的一种教学模式。在课程设计中，实践教学是一种通过理论教学实现教学目标的教学方法和实践。教学的主观状态没有反映在教学目标的设计中。这种课程设计导致理论知识无法反映实际应用的效果，或者实践教学成为确定性教学的一种现象，最终导致实践教学不能在学生专业能力的培养中发挥有效作用。

第二，体育类专业的特殊性使得基于技术过程的实践工程教学模式难以发挥作用。

从目前国内高职院校的国内实践教学的角度来看，大多数借鉴国外工程实践的教学模式，是根据实践中所要求具备的职业能力来进行课程设计以满足典型岗位的工作要求，强调技术和过程，但是这种基于技术过程的实践教学设计，并不适合当前体育类专业人才培养的课程和教学设计实践。2014年10月国务院以国发［2014］46号下发了《关于加快发展体育产业促进体育消费的若干意见》，在提到关于体育产业人才的培养方向时指出，在当前体育产业人力资源管理中，"管理、创意设计、科研和中介"人才相对薄弱和不足。以运动场馆管理人才为例，既需要掌握运动学知识和基本技能，又要熟悉体育设施的设计和维护技术，还要了解场馆运营管理的知识和技能。实际上，这3个模块既不能分解过程，也不适合单个任务类型的教学项目。这种情况导致以下事实，即使实际的教学环节占据了相当大的课时比例，也无法培养出高素质的体育产业管理人才。

第三，传统的工学结合的实践教学模式使学生将企业实习视为完成学校安排的学习任务，无法形成职业身份认同，难以实现校企合作的双赢。在这种模式下，学生认为企业实践只是他们必须完成的教学任务之一，并且学生必须完成实践培训或实习才能获得毕业证书。对于企业而言，学生还没有获得独立工作的资格，他们的工作能力与专业素质与行业专业水平之间存在很大差距。因此，企业没有很高的热情参与主导学生的实习和培训。此外，对学生的职业素养也缺乏关注，使得学生在企业实践和培训过程中难以培养职业道德和认同感。

将学校职业教育与企业训练资源有机整合，这对高职体育教育人才的培养和课程体系的建设具有重要意义。主要表现在以下几点。

（1）充分发挥企业的积极性。近年来，随着人民生活水平的提高和消费观念的改变，体育健身休闲产业蓬勃发展。国家体育总局统计数据显示，2006—2013年，中国体育健身休闲产业增加值从46.98亿元增加到213.08亿元，增速高于整个体育健身产业；而且休闲产业人才的供不应求，导致高职院校对在体育管理产业和休闲产业等人才的培养表现出很高的热情。从高职院校的角度来看，体育休闲是我国的新兴产业，大多数高职院校都存在师资不足、设施和资源不足等问题。因此，高质量地完成学校教学中的人才培养任务需要得到企业的支持和协助。因此，通过招生合作，高职院校可以根据企业的工作需求和就业标准，制定专业课程标准，并在培训阶段，培养学生的归属感和职业认同感，提高职业教育学生的就业率。

（2）改革学校课程体系的设计。行业协会制定职业资格标准的体系，高职院校将职业资格证书的评估内容和企业岗位的职业能力要求纳入课程体系，明确企业的重要地位和人才培养的职业能力。长期以来，整合"课岗证"课程体系设计一直是高职教育改革的主导模式，但由于我国体育行业协会制定职业资格标准的工作才刚刚起步，因此，我国体育类职业资格证书中还有更多与市场需求不匹配的行业资格类型等待开发，通过课程体系的开发可以逐步实现与行业职业资格的对接。

（3）优化"双师型"教师队伍建设。从学校教师的角度来看，目前在高等职业教育中的体育教学人员大多缺乏行业工作经验，虽然具有课程理论知识传授和指导体育比赛、专业技能的训练的教学能力，但缺乏体育训练、体育健身、休闲体育等行业实施经营管理技能。因此，学校职业教育存在不适应体育产业领域专业能力的要求的现象。要培养更多的职业体育技术人才，只能从根据企业岗位要求设计课程体系和教学计划的角度出发，明确职业能力作为高职体育人才培养的最终目标，使高职体育专业人才在行业中赢得一席之地，逐步提高其专业的竞争能力。

（4）改善课程与人才培养的考核体系。首先，在实施课程体系"双导师"制度的过程中及在学校的教学过程中引入企业导师的评估机制，传统的工学结合人才模式也提出了企业合作管理和考核方式的举措，但从现有的人才培养方案的效果来看，学生的学习过程与考核主体仍以学校为重，学生实践环节的考核环节比较薄弱，企业大多数被动地满足学校提出的需求，无法实现企业在人才培养中的主导地位。人才培养模式对人才培养质量的考核与评估依据的是行业标准和导师评估。无论学校是否达到人才培养目标，都应充分参考行业标准和企业岗位专业能力的要求制定考核标准，从而改变传统的学校和企业的考核方式独立开展的现状，结合人才培训考核体系的实践，按照行业标准（如职业资格证书考试要求）执行相同的考核标准，根据企业岗位专业能力提出专业人才培养的标准。其次，课程体系的专业化不明显。这主要表现在本科课程的结构和设置上，学生使用的专业教材基本上是普通高等学校体育专业教材，真正具有专业性、实用性、有针对性的专业教材很少，种类繁多的专业显性理论知识占据主导地位并不利于实践操作性的技术服务岗位人才培养。

在现代职业教育理念下，高等职业教育体育类专业应根据职业教育的发展规律，积极探索新的人才培养模式。课程体系的构建可以有效解决当前人才培养模式中的一系列问题。

因此，高职教育体育类专业人才培养模式的探索势在必行。这是实施体育专业在高职教育人才培养和专业发展中的重要举措，不仅可以解决当前高职教育体育专业人才培养过程中的一系列问题，也可以更好地深化校企合作，最终促进校企双赢。

第二节　高职教育体育类专业课程体系构建的理论基础

高等职业教育作为现代高等教育体系中主要的类型之一，与学科型普通高等教育承担着不同的教育功能，在人才培养模式、途径以及目的等方面存在着显著差异。

高等职业教育的"职业性"表现在课程体系构建方面，必然要求高等职业教育以职业能力培养为中心，设置相对独立的、与理论课程并重的课程体系。这是高等职业教育过程中最重要的一个环节。专业课程体系是高等职业教育在进行人才培养过程中最核心的部分，直接反映了专业的培养目标，同时也直接规范了专业教学内容。专业课程体系的构建在体现国家意志、落实国家要求的基础上，要重视行业、产业的现状与趋势对人才的需求，要符合人才成长的基本规律。

在此过程中，教育者已认识到构建科学、适用、具有高职特色的课程体系的重要性。如何理解高等职业教育课程体系中实践课程与实践教学的重要性？通过什么方法可以解决上述问题和弊端？如何让高职院校的教学更加符合高等职业教育规律？如何避免理论考试代替实践考核，建立科学的课程评价体系？现代的人才培养模式为我们探讨这些深层的问题提供了一个新的视角。高等职业教育体育类专业的课程体系的构建同样必须洞悉其理论基础，才能保障其课程体系的科学性和合理性。

一、新知识观

知识观是指人们对知识的观念、态度，具体指人们对知识的基本看法、见解与信念，是人们关于知识问题的总体认识和基本观点。

在人类知识观发展过程中，在"科学万能"思想的冲击下，人们曾经过度注重用经验的科学方法观察、研究事物，探求事实的本原和变化的现象。在此背景下，实证主义知识观成为影响教育者的一个重要思潮。研究者们普遍认为，已有的科学概念、公式和方法等理论知识是客观的、普遍的和可靠的，是经过选择证实的知识，也是学生应接受和理解的。这些知识体系可以满足对学生培养的要求和社会发展，因此，导致高等职业教育同样也在发展历程中曾经重视文化课程和专业基础课程理论知识的教育。在此背景下，实践知识的获取变得更加艰难。

随着人类对未知世界认知的不断更新知识观的不断变革，人类对知识观的认知更加深入。1958年，英国思想家波兰尼首次提出"缄默知识"的概念，拓宽了人类对知识的性质更新的认识。他通过对一般知识和科学知识的性质的研究，对近代以来形成的实证主义知识观进行了辨证的批判后，经过长期的思索和探究后提出，人类有两种知识：显性知识和缄默知识。他在《人的研究》中指出："显性知识是指可以用语言、文字、符号或数学公式以通常意义表达的知识；隐性知识是指不能用语言、文字、符号或数学公式表达和解释的知识。不能以传统形式传递，不能被'批判性地重新思考'。或者说，它是我们通常没有意识到的知识，但它却深刻地影响着我们的行为。显性知识的真正实现取决于我们对显性知识的理解。"

人们生活在它们之中，就像生活于自己的身体之中。缄默知识是大量存在的，高等职业教育课程内容的主要构成部分主要有技术技能知识和工作过程知识。技术技能知识是"思想或精神状态的技术，即无形技术；在技术知识的指导下，制造和使用人造产品的材料过程被视为技术知识的实现过程，即有形技术"。工作过程知识隐含在真实的工作场景中，主要包括如规范性知识类的显现知识与内在逻辑相联系的缄默知识。其中，最宝贵和最具价值的就是那些物化在产品和服务等工作过程中的手艺、技巧和技能等工作过程知识。所以说，缄默知识在科学理论证实的过程中有着非常重要的地位，人类只有更好地理解缄默知识，才能更好地理解自身的认识和实践行为。所以说，缄默知识在技术知识体系中占有更为突出的位置和更大的比例，具有更大的价值。

缄默知识的获得需要个体亲身参加实践活动在实践中获取，而不是通过读书或理论讲解获取。缄默知识对工作过程的进程影响重大，由于其不像显性知识那样容易被记忆、复制和传递，所以获得缄默知识的过程相对复杂。这个获得过程不仅仅是个体在学习和工作中取得成功的重要因素。

缄默知识理论在教育领域带来的革命性启发就是使缄默知识显性化。学生获得实践知识是一种主动探究、自我反思的过程，是缄默知识显性化的重要方式与有效途径。因此，学习者不能再被动地等待教师传授已有的理论体系知识，而应该投身实践活动，加强自身的主动学习，获得更加宝贵的实践经验和缄默知识。波兰尼认为："不能详细讲述的技能不能通过规则传递下去，因为不存在这样的规则。它只能通过示范，如大师向徒弟进行传递。"在高等职业教育领域，因为其人才培养目的的特点，缄默知识课程显得尤为重要。在专业课程的教学过程中，缄默知识无处不在。如波兰尼所说："教学活动只有以这种缄默的'潜在知识'为基础，才能使师生都意识到自己'理智的力量'。"因此，在高职院校专业课程体系构建过程中，学生通过现代培养方式获得缄默知识是非常重要的途径。

二、新制度主义理论

1958年，詹姆斯·马奇的《组织》一书首次提到"组织理论"这一概念。1965年，他在《组织手册》一书中详细地探讨了组织理论。这些都是较早关注组织理论的标志性研究成果。主张理性组织理论、科层制等的马克斯·韦伯为代表的多个学派思想早期组织的理论代表。人们于20个世纪70年代开始关注技术环境对组织结构的影响，并在此基础上，意识到组织制度作为一种举足轻重的社会文化环境，对组织的影响异常重要。在此背景下，组织理论延展出了新制度主义思想理论。新制度主义在当代政治学研究中的应用，主要来自詹姆斯·马奇和约翰·奥尔森的推动。在一段研究热潮之后，并持续接纳总结研究的有益思想后，W.理查德·斯科特将新制度主义理论发展为更加科学和更成体系的理论。新制度主义理论着重关注组织与外部环境，尤其是制度环境间的关系。

现代高职学习是一种强调"校行企"各利益相关方共同参与、共同合作的新型人才培养模式，其中关系主体是院校和企业。院校和企业双方都是相对独立的组织机构，它们的关系是一种合作关系，它们所处的制度环境及相互影响可以使用新制度主义理论来解释和优化。新制度主义理论的主要观点认为，技术环境对机构本身的作用表现在利用资源信息与机构进行信息交流，寻求收益与效率最大化。这种影响功能正印证了韦伯主张的工具合理性。新制度主义所关注的制度环境受规制性、规范性和文化–认知维度3个要素影响。

第三节　高职体育教材化建设

一、高职体育教材编写的特点

高职体育教材编写应体现和突出教材的如下特点。

1. 突出教材的生命科学性

将生命教育融入体育教材中，以学生为本，以学生的生命为出发点，尽可能通过改造传统运动项目、引进时尚运动项目使学生的个性需要、兴趣爱好得到满足，促进学生生命质量的提升。

2. 突出教材的个性、情感

结合学生的实际生活而适当选择教材内容，打破传统教材建设中以学科为中心的局限和弊端，要打造个性化的、能够满足学生情感需求的、切合实际的教材。

3. 突出教材的社会适应性

认识体育教材与社会科学、社会技术、社会人际情感的相互关系，树立"STSE教育理念"，教材内容要有利于学生的未来职业选择以及对社会生活的适应。

4. 突出教材的文化性

编写教材时，要将民族民间体育项目融入其中，通过民族民间体育教学来增强学生体质，弘扬民族优秀文化。

5. 突出教材的实践效应

在健康第一教育思想的指导下，构建融体育教育和健康教育于一体的新课程体系，以体育教育为主，健康教育为辅。体育教材要对学生健康成长与全面发展有现实促进意义，将体育与健康知识、方法、技能及相关内容合理编入体育教材中。

6. 突出教材的民族性、地域性和校本性

高职体育教材尤其是校本教材要突出本地或本民族的独有特色，将教材内容的民族性、地域性突显出来，通过创造性的设计与编排突出教材的多元性和特色化。

二、高职体育教材编写的程序

编写高职体育教材要遵循一定的程序，按照最优程序循序渐进地将体育素材加工为体育教材，保证体育教材的科学性、教育性以及可操作性。编写体育教材的程序具体如下。

1. 审视素材

首先，体育教师要用基本教育观点去审视积累的运动素材，判断运动素材与教育性原则是否相符，是否与社会价值观念一致，是否存在安全隐患，是否有利于学生的身心健康，通过判断来决定是否将其作为备选的体育教材内容。

2. 运动的功能鉴别

所有的体育运动项目都具有强身健体、愉悦心理、提高运动技能的功效，但不同类型的运动项目都有其较为突出的功能，也就是说各个运动项目都有主要功能和次要功能，即使同类运动项目，也可能因为运动方式、运动目的的不同而在功能上有一定的区别。对此，要根据体育教育目的对不同的运动项目进行分类或合并，这是体育教材编写中非常重要的一个环节和任务。

3. 典型性分析

通过鉴别运动项目的功能，对运动项目进行分类后，要选择其中具有典型性和代表性的项目。很多体育项目性质相同，功能类似，要将其全部纳入体育教材是不现实的，因此要通过对比分析、综合判断来选出某类运动中的代表性项目，这有利于精简教材，去粗取精。

4. 对应具体的教学目标

体育教学目标因教学阶段、教学对象的不同而有所不同，在不同教学阶段，面向不同的教学对象，要从该阶段的教学目标出发而选择相对应的教材内容，这是精选教学内容的关键步骤。

5. 分析教材实施的"可行性"

选择与教学目标对应的教材后，要对教材的实施条件进行分析，具体就是根据教学条件进一步编排教材内容，尽可能保证在现有教学条件下能够顺利实施教材内容，实现教学目标。

三、高职体育教材化建设的策略

1. 建立明确的指导思想

体育教学课程的根本目的是增强学生体质，但增强体质不是一朝一夕就能实现的，需要经历一个漫长的过程，不仅只依靠体育课堂教学，还要开展课外体育活动。因此，高职体育教材化建设应坚持"健康第一""终身体育"的指导思想。在体育教育中，传授体育知识、运动技能以及开发学生的智力都离不开专业教材，这是必不可少的教育工具。

体育教育观念的变化与特征能够通过体育教材体现出来。体育教材是体育知识的载体，是体育教育改革成果的重要表现形式，是体育教师传授知识和培养学生的重要媒介资源。要实现体育课程的根本目的，就要在科学的、明确的指导思想下进行体育教材化建设与改革，为体育教材化建设提供明确的方向。

2. 合理定位

在体育教材化建设中要将下列两个定位充分把握好。

第一，基于对大学生身心特征的了解进行教材编写专业人员的定位，以科学严谨的态度编写教材。

第二，将教材编写目的、编写对象的定位把握好，明确"为什么编写教材"和"面向谁编写教材"两个问题。

除了把握好上面两个定位，还要在教材建设中充分贯彻和体现健康第一的宗旨，从过去强调运动技术向关注学生身心健康转变。此外，体育教材建设还要不断与时俱进，将知识教育、情感教育、价值观教育有机结合起来，在传递知识的同时丰富学生的情感，培养学生的人文素养，如此更能发挥体育教材的价值。

3. 结构设计合理

体育作为高职的一门课程，其教材建设也要符合课程论的要求。知识结构是教材建设的主线，各学科都有知识的系统性和递进性，体现的是由简到繁、由浅到深的层次关系，从生理发育角度上讲，从小学体育到大学体育再到终身体育，也存在系统性和关联性，所以，高职体育教材建设要符合大学生生理、心理发育的需要。

另外，个体差异大、运动习惯和爱好不尽相同又是体育的另一特点，据此，教材编写在具有课程的统一性外，还要有多样性，从育人角度出发，应包括一般知识结构和能力培养结构，一般知识结构主要包括体育的基本理论、原理、方法等，以满足体育基础教育的需要；能力培养结构是教材的特点的体现，通过掌握体育知识的过程，把认识体育价值、培养锻炼习惯、提高健身意识、形成良好的体育素养贯穿在教材学习之中，以满足爱好者的认知需要。

4. 加强内容的创新

创新、改革是体育教育发展的动力，体育教材化建设必须与时俱进，加强内容创新，打破传统教材化建设的壁垒，优化教材结构，解决传统体育教材中的常见问题，如"繁""难""多""旧""杂"等，如此才能使体育教材焕发生机与活力。

5. 突出系列化、立体化

当前，我国高职体育教材建设呈现出系列化、立体化的良好态势与趋向。编写体育教材要关注学生的个体差异，如为了使体育基础教育的需要得到满足，应开发与完善基础性知识，为使体育爱好者的兴趣和个性需要得到满足，需补充拓展性知识。

　　体育教材设计既要保持一体化，又要在此基础上进行系列化改革，从实际出发进行板块重组，分册编写体育理论教程和实践教程，并保持二者之间的紧密联系。

　　此外，将多媒体手段运用到体育教材化建设中，突出教材的立体性、灵活多样性和可选择性，这也是人本教育理念的基本要求。

第四节　高职体育教学课程与现代信息技术的融合

一、高职体育教学课程与现代信息技术融合的意义

　　体育教学课程对理论教育、动作规范都有较高的要求，在传统教学模式下，体育教师多采用语言讲解和动作示范相结合的方法来进行教学，但是教师面对的学生在知识储备、运动基础、学习能力、认知水平等方面是有差异的，因此，并不是所有的学生都能在第一时间快速理解教师讲解的内容和示范的动作，可见传统体育教学中学生接受能力的差异对体育教学效果造成了制约。而如果能够将现代信息技术融入体育教学课程中，便能使传统教学的不足得到弥补，使教学重点和难点更加突出，更便于学生掌握知识和技能，对提升教学效果非常有益。

　　下面具体分析高职体育教学课程与现代信息技术融合的意义。

　　1. 丰富教学元素，提升学生的认识水平

　　在传统体育教学中，体育教师一般先讲解本次课的主要内容，语言描述动作方法，并进行身体示范，然后学生根据自己的观察与理解来模仿练习，不断重复，直至掌握为止，整个课堂氛围比较沉闷，缺少趣味，而且教学方式和内容都不够丰富，显得单调乏味，对学生的学习热情和积极主动性造成了影响。而将现代信息技术融入体育教学活动中，将融图片、视频、声音等多媒体教学资源于一体的教学内容呈现给学生，能够使教学内容变得丰富、更加立体，从而易于将学生参与体育学习的乐趣调动起来，培养学生自主学习的好习惯。

　　2. 规范动作，突出教学重难点

　　在体育教学课程的组织与实施中，学生的主要任务是掌握体育理论

知识和运动技能，将技术动作做规范、做熟练。学生学习运动技术往往过分依赖于教师的示范教学，学生观察教师的示范动作，并不一定能够完全理解与掌握，有时会出现理解错误和动作不规范的问题，这难免会影响学习效果。对此，有必要使用现代信息技术制作电子教学课件进行应用，将体育动作以更加直观、形象的方式呈现出来，便于学生对重难点内容的理解与掌握，从而有效优化体育课堂教学，提升教学效果。

3. 变革学习方式

实践性是体育教学课程的重要特征之一，这就对体育教师的教学方式和学生的学习方式提出了较高的要求，也就是说体育教学课程的实践性决定了体育教学方式和学习方式的独特性，与其他学科的教学方式、学习方式明显不同。将信息技术融入体育课程教学中，不仅促进了学习内容的丰富，也拓展了学习空间，调动了学生的学习积极性，使学生的学习方式实现从被动到主动的转化。

体育教师运用现代信息技术进行教学，也能启发学生思考，发挥学生的主体作用，培养学生的观察力、思维能力和创新能力，使体育教学效果实现"几何"倍增。

二、高职体育教学课程与现代信息技术整合的模式

（一）现代信息技术作为教学工具的整合模式

现代信息技术辅助下的体育教学有多种表现形式，下面主要分析常见的几种形式。

1. 自主–监控型模式

自主–监控模式是在网络教学环境下，教师提供教学资源，学生自主学习，教师进行监控，加以辅导。在这个模式中，学生可以根据自己的需要使用网络资源，教师监控学生活动，"手把手"对学生进行交互式辅导教学。

自主–监控模式的实施程序如下。

（1）教师从教学目标出发分析与处理教材，决定采取什么方式传授教学内容。

（2）学生接收学习任务后，在教师指导下参考相关资料或信息进行

独立学习或协作学习。

（3）教师总结并进行个别化评价。

2. 群体–讲授型模式

群体–讲授模式是在同一时间向班级学生传授相同内容，并在实施教学方法与手段的过程中渗透信息技术。这种模式具有如下优势。

第一，图、文、声并茂，使体育教学课程更加生动有趣。

第二，不受时空限制，便于突破教学重难点。

第三，简单易操作，能够快速、及时地呈现体育教学内容，提高体育教学效率。

群体–讲授型模式的实施程序如下。

（1）教师备课时研究教学内容，自己设计课件，或从资源库中选择合适的课件。

（2）教师利用课件创设教学情境，将教学信息展示给学生，引导学生自主思考。

（3）教师总结。

3. 讨论型模式

师生通过网络交流进行实时和非实时讨论，这种教学模式一般指教师提出问题、学生讨论问题的教学模式。不管是实时讨论还是非实时讨论，教师都要认真倾听学生的想法，发现学生的好思维，观察学生的问题，并给予指导。在讨论结束后，教师进行总结和评价。

讨论模式可以使学生克服心理障碍，主动参与讨论，畅所欲言，调动学生的积极性。该模式的实施程序如下。

（1）教师依据教学目标分析与处理教材，决定教学内容的呈现形式，并向学生呈现课件或网页类教学内容。

（2）学生接收任务后，在教师指导下查阅资料或信息进行独立或合作学习，利用信息技术完成学习任务。

（3）师生共同总结、评价。

（二）现代信息技术作为学习工具的整合模式

教师将信息技术作为获取体育学习内容和学习资源、情境探究和发现学习、协商学习和交流讨论、知识构建和创作实践以及自我评测和学习反馈的工具。根据信息技术作为认知工具的应用环境和方式的不同，可以将整合模式分为下列几种。

1. "资源利用–主题探究–合作学习"模式

学生通过社会调查、确定主题、分组合作、收集资料、完成作品、评价作品、意义建构等环节完成课程学习。

2. "小组合作–远程协商"模式

在互联网环境下，学生自由组成合作学习小组，围绕同一学习主题建立小组网页，互相浏览，交流意见，进行评比。

3. "专题探索–网站开发"模式

在互联网教学环境中，学生广泛而深入地研究学习某一专题，教师要求学生构建"专题学习网站"，培养其创新精神和实践能力。"专题学习网站"通常包含如下基本内容。

（1）展示与学习专题相关的结构化知识，运用知识结构化的方式重组有关体育教学内容的文本、图像和动态资料等。

（2）收集与学习专题相关的扩展性学习素材资源（包括学习工具和相关资源的网站链接）。

（3）围绕学习专题建立网上协商讨论、答疑指导和远程讨论等板块。

（4）收集与学习专题相关的思考性问题、形成性练习和总结性考查的评测资料，让学生进行网上自评。

第四章　高职体育传统教学模式

本章内容为高职体育传统科学化教学模式，主要从 3 个方面进行介绍，分别为高职体育分层教学模式、高职体育游戏教学模式、高职体育俱乐部教学模式。

第一节　高职体育分层教学模式

一、体育教学与分层教学模式

（一）分层教学模式的教学流程

1. 学生编组

对学生编组是实施分层教学的基础，为了加强教学的针对性，根据学生的知识基础、思维水平及心理因素，在调查分析的基础上将学生分成 A、B、C3 层。A 层是符合大纲基本要求并且自身素质水平较高的学生；B 层是符合基本要求并且自身素质水平一般的学生；C 层是符合基本要求但自身素质稍低的学生。但是学生的分组并不是一成不变的，而是根据学生的学习情况进行及时的调整。

2. 分层备课

分层备课是实施分层教学的前提条件，教师要在理解教学基本大纲和教材的基础上，设定不同层次的教学目标，区别掌握哪些是基本要求，哪些是所有学生应掌握的，哪些是较高的要求，哪些是较低的要求，然后设计出分层教学的整个过程。要注意的是，应特别关注如何解决学习困难学生的障碍以及挖掘特长学生潜能。

3. 分层授课

分层授课是实施分层教学的重要环节也是中心环节，教师需要根据学生的层次划分准确地把握好授课的初始点，处理好知识链条的整个衔接过程；整个教学过程需要遵循"学生为主体，教师为主导，训练为主线，能力为目标"的教学宗旨，使所有学生都能学有所成，学有所获。

4. 分类指导

分类指导是实施分层教学的关键环节，教师在教学的过程中对不同层次要求的学生进行不同方式的指导与帮助，需要做到因人而异，遵循"因材施教"的教学原则。除此之外，教师还需要进行一些必要的辅助手段，加强对各层次学生的指导与帮助，这样做更有利于学生由低层次向高层次的转化，使学生变得更加自信，对学习更加有兴趣，进而达到使学生身心全面发展的目标。

（二）分层教学模式在体育教学中的优势

符合从实际出发和因材施教的教学原则。每个学生的身体形态、身体素质以及心理、生理素质等各个方面都有着大大小小的区别，单一的教学目标和教学模式难以满足所有学生的需要。唯有进行区别对待教学，才能使不同水平的学生都能够学有所得，并发挥自己的优势。

该模式有利于调动学生的学习积极性。在一个班集体中，统一的教学目标对于学习能力稍差点的学生来说可能过高，对于优秀的学生来说可能又过低，这两种情况都容易使学生的学习积极性受到打击。只有根据学生的不同层次提出适宜他们的学习目标才具有激励性。

该模式体现教育的公平性。每一个学生都享有接受教育的权利，更应该有接受平等教育的权利。分层教学是一个过程教学模式，分层教学模式能够使每一个学生根据自己的学习能力水平达到不同预定进度的学习目标，而不是让学生从开始学习时就产生对无法完成目标的恐惧，结果导致学生被动地放弃接受教育的机会，失去对自身学习的信心从而变得不思进取。

（三）分层教学模式在体育教学中的缺陷

在体育教学过程中，分层教学模式依然存在着大大小小的缺陷：分层教学的教学模式在无形中给体育教师增添了许多工作量，教师在制订教学计划上需要投入大量精力，为完成教学任务做准备；分层教学模式如果处理不当，会使不同能力水平的学生产生或骄傲或自卑的不良心理反应，有些严重的甚至会影响到学生的身心健康；分层教学模式对班级人数与场地设施的要求较高；教师在分层指导阶段如果对学生的情况没有及时地了解清楚会出现断层的现象，达不到应有的教学效果。因此，分层教学模式在教学过程中仍然需要不断去完善和改进。

三、分层教学模式在高职体育教学中的应用

（一）分组教学

1. 按照体能水平进行分组

以体能水平进行分组，可以将一个班级的学生分成 4 到 6 个小组，或根据实际情况进行适当调整，这样的分组能在很大程度上缩小个体之间的体能差距。在此基础上，不同的体能小组采取相对应的体育训练。例如，在进行 800 米测试的时候，体能差的学生小组的目标可以稍稍降低，而体能较好的学生小组的目标则可以适当拔高，这样设置可以使不同程度的学生自身体能水平都能获得相应提升，提升体能差的学生的体育信心，同时调动体能好的学生的体育学习积极性。当然，教师也可以对不同体能的学生进行不同项目的训练，如让较胖的学生做一些减脂有氧运动，让较瘦的学生进行增肌训练。另外还应注意，对于运动天赋不佳的学生，教师可以适当放缓其达成目标的进度，而对于运动天赋较高的学生，则可以适当加快其达成目标的进度。如此分组教育，不仅可以照顾到不同学生的体能情况，还可以满足不同学生的体能训练需求。

2. 按照体育兴趣进行分组

按照体育兴趣进行分组，是现代高职体育教学中较为普遍的一种分组形式。相比于体能训练划分的难度，兴趣的划分就简单很多，主要依据学生对体育项目的兴趣进行大致划分。例如，喜欢乒乓球的学生划分到乒乓球兴趣小组，喜欢篮球的划分到篮球兴趣小组，等等。这样的分组形式给了学生很大的自主性，学生可以自由选择进入哪个小组，同时也将教师的专业性发挥到了极致，擅长专科项目的体育教师可以教授对

该项目有一定兴趣基础的学生，这样教学过程也会更加顺利。

（二）合作教学

分层教学与合作教学相结合，能够最大限度地发挥学生的主观能动性，促使学生全身心投入体育学习和训练中。这里所说的合作教学是在分层教学的基础上进行的相互合作。比如，在一个篮球兴趣班级的课堂上，教师可以将基础好的学生和基础较差的学生相互搭配划分到同一个小组，然后组织综合实力相当的不同小组进行趣味训练或者友谊比赛，利用以强带弱的方式，促进学生共同成长，激发基础好的学生的成就感，同时提高基础差的学生的积极性和自信心。

分层教学模式符合学生的兴趣爱好，也符合国家和学校选拔培养人才的策略，总体来说，这种教学模式在高职体育教学中的应用是利大于弊的，而且其缺点和不足也会随着其应用的广泛性和社会的发展不断获得更正与改进。

（三）小班化教学

在分层教学模式中会出现需要不断分层的情况，分层越细致，对学生的个性化教学越明显，但相应地对于教师群体的需求也就越大。此外，在根据兴趣分组的情况中，同一个兴趣班的学生也会出现体能不同和天赋不同的情况，这就需要教师依据这些情况进一步分组，直到小组所有学生基本处于同一水平，只有这样，分层教学才能真正发挥功效。在这样的情况下，小班化教学，其实就是在分层的前提下不断细化分层结果。同时，从高职师资力量来看，小班化教学也是保障分层教学有效实施的一条重要渠道，因为其不仅能使教师照顾到每一位学生的情况，而且管理起来也相对容易。

（四）分层教学公平评分

相对于传统的体育教学，分层教学有更加科学和公平的评分系统。传统体育的评分主要是百分制，体育教师依据最后的体能测试成绩和平时的观察给学生打分。但是这样的打分机制科学性不足，且带有较强的主观性。而分层教学评分体系则包含了体能检测、平时成绩，以及选修项目的成绩，再加上笔试测验等，得分是这些成绩的综合评分。开展分层教学之前，教师还需要对学生进行全面细致的调查和了解，这就增加了评价的公正程度。总之，体育教师精准的帮助，再加上学生自己兴趣的引领，可以强化分层教学模式在高职体育教学中的应用成效。

第二节　高职体育游戏教学模式

一、体育游戏的概述

（一）体育游戏的特点

通常情况下，多数体育游戏都是一种集体性的活动，这对提高学生参与度和体验感有着重要意义，这种教学方法还可以有效改善传统课堂中枯燥的学习氛围，使学生可以主动参与体育教学活动。

体育游戏的选材源于现实生活，许多游戏都具有一定的社会历史性，呈现了当代的社会生活现象。具有竞争性的游戏，能够提高学生生活、学习、劳动的兴趣，增强坚强的意志品质和竞争意识，增进学生之间的友谊，提高人体的体能、智能和身体素质，培养学生团结友爱的意识，促进身心健康，有利于培养充满自信、顽强拼搏、不怕困难、积极进取的现代人。体育游戏有以下几个特点。

1. 趣味性和娱乐性

体育游戏是游戏者在没有什么外来压力的情况下自由选择的活动，因此游戏者在参加活动时，能够感受到自由、轻松、平等的氛围。享受活动带来的乐趣，让游戏者自由表现的同时拥有一种轻松愉快的心情。只有自觉参与，才能激发学生对游戏的兴趣。只有体会到游戏的新奇，学生才会投入百分百的精力。

2. 集体性与参与性

只要体育游戏符合各个年龄阶层人的身心需要，所有人都会参与其中。只要有人参与就不会只为一人设计，而是要让更多的人参与进来，让大家体会到现代生活除去工作后还有休闲娱乐时光。

3. 教育性

远古时期，我们的祖先在教育后代如何生存时就使用游戏的方式，因此，体育游戏一出现就具有一定的教育意义。游戏培养学生的德、智、体、美，从而全面地发展学生的身心素质。中国古代六艺中的射、御中就涉及了体育游戏；美国的实用主义教育家杜威就曾经提出了"教育即生活，学校即社会"的教育思想。无论古代还是现代，无论国内还是国外，人们都认为游戏对人类而言具有一定的教育意义。

4. 竞争性

虽然体育游戏具有娱乐性，但是这并不影响游戏的竞争性。适当的竞争性可以激起参与者的热情，使参与者开动脑筋，用智慧战胜对手。假如体育游戏具有过于激烈的竞争，就失去了游戏的本质，从而演变成竞技性质的运动。

5. 公平性与规则性

无规矩不成方圆，所以体育游戏的设计要有合理严格的规则。这样可以保护参与者在条件均等的环境下进行公平合理的竞争，但是体育游戏的规则要简单明了、通俗易懂。奥林匹克精神强调竞技运动的公平与公正，同样游戏也讲究公平性。要想保证游戏的公平性，就需要第三者的参与，如裁判员的加入。游戏规则能够保证双方的公平竞争，约束游戏者的违规行为，指引游戏的战术与技术向正确的方向发展，维护游戏安全有序地进行。所以，在游戏者遵守规则的条件下，游戏才可以公平公正地进行下去。

6. 目的性

体育游戏教学的安排和实施的目的性比较强，体育教师应根据这一特点合理地安排教学内容和教学目标。这样不仅可以促进学生身心健康的发展，培养学生的良好意志品质，而且可以使学生在欢快的气氛中，掌握学习的基本技能。教师在体育教学中融入体育游戏，可以发挥体育游戏教学的价值和作用，有效地完成体育教学的任务。

7. 科学实用性

在进行游戏创编时，教师也要考虑学生的生理规律、健康需要以及学生年龄阶段的心理特点、生理特点、身体现状等。游戏能帮助学生发展自我力量，能缓和紧张情绪。所以在设计游戏时，教师要使每一个游戏都能使学生积极向上，增强身体素质，养成终身体育的习惯，体现体育游戏现实的作用。因此，设计游戏时要注意科学实用性。

（二）体育游戏的分类

活动性游戏是一种有组织的体育活动，按照一定的目的和规则进行，如走、跑、跳、攀登、投掷、搬运等。这种游戏充分展现了学生的体能和智力水平，能够使他们养成良好的团结合作精神和艰苦奋斗、迎难而上、勇敢顽强的体育精神。竞赛性游戏是当学生经过长久的体育学习和锻炼，达到一定的运动技术水平后进行的体育游戏，如篮球、乒乓球、排球、足球、棒垒球、网球、羽毛球、手球等。这类游戏具有较烦琐的技术、战术要求，有统一的规则、固定的游戏人数，需要群体配合，并讲究战术计谋。竞赛性游戏可以提高学生的身体活动能力，培养学生良好的思想道德品质，促进学生的各项技能、技术更上一层楼。

（三）关于游戏教学模式的研究

虽然游戏教学的理论到现代才开始成熟，但是有关游戏教学模式的实践与理论一直都有相关的研究。杰出的青年运动领袖之一杨贤江先生非常关心青少年的健康成长，非常重视青少年的游戏活动。早在1922年，杨先生就发表了一篇文章，其中提道："游戏也很重要。游戏本身有很多价值。"

20世纪早期，在陶行知举办的教育实验活动中，出现了一种小学生"唱游"的游戏活动，这也是早期的体育游戏形式之一。我国著名教育学家陈鹤琴先生认为游戏不仅能培养儿童活泼的头脑和健康的身体，而且能提高孩子智力发育的水平，激发幼儿的学习意识和学习兴趣，因此，他认为应该用游戏教学代替传统体育教学。陈先生认为"游戏是儿童的生命"，游戏不仅"可以给小孩子快乐、经验、学识、思想和健康"，同时它也具有非常重要的教育价值，应该成为儿童教育的主要方式。

李秋兰建议根据学生的成长特点，科学组织游戏，选择合适的游戏教学，对于好的教学方法我们要发扬，不好的方法我们要敢于质疑。王嫱敏指出，场地器材有限，但体育教师可以充分利用学校现有的场地和设备，根据自己的目的选择一些有效的、具有教育性的游戏来进行课堂教学。蔡锦勇提到，体育游戏的应用要注意及时性和有效性。高峰对游戏教学模式在体育教学中的应用提出了自己的看法。他认为体育游戏可以作为日常体育技术教学的准备、基础和结束部分。但是，教师在游戏的各个环节所充当的角色和所具有的地位是不同的。准备部分的游戏活动不同于基础部分的游戏活动。一堂体育课从开始到结束，应用体育游戏可以充分提升学生参与活动的兴趣，提高学生学习积极性，从而活跃课堂气氛，提高教学质量。

游戏的分类很多。例如，在体育教学中，游戏可分为竞技游戏和集体游戏。有一位专家通过分析研究发现，涉及行为、情感、沟通、心理和学生思维发展的集体运动比赛项目对于培养学生的团队意识、团队归属感和团队竞争力有积极作用。在体育教学中，运用游戏教学法，可以提高学生的跑、跳活动能力，并且能消除学生的不良情绪，能极大地激发学生参与体育活动的兴趣。在体育与健康教学的过程中采用游戏教学法可以很好地培养学生良好的思想品德，塑造学生良好的人格品质，使健康第一的指导思想在学生心中扎根，苗壮成长。

综上所述，游戏教学模式更应该是对传统体育教学模式的补充，更适合大学生的体育教学。

二、体育游戏教学

（一）优势

体育游戏在体育教学中具有十分重要的意义，不仅可以激发学生的学习兴趣，还对提高课堂教学质量也有着很大的帮助，可以使教师在教学中应用更为丰富的教学方法开展体育教学，从而全面提高学生体育综合素养。现阶段的学生在成长的过程中曾参与各种体育游戏活动，而且多数体育游戏都与学生的日常生活存在紧密的联系，学生在游戏中可以掌握很多体育知识和运动技巧，也可以具备较强的身体素质。

（二）意义

在体育教学中，应用体育游戏开展教学活动，不仅可以激发学生参与活动的热情，同时还可以让学生认识到学习体育的重要性，促使学生在日常学习中主动配合教师工作。另外，体育游戏拥有丰富的教学内容和形式，使得学生在体育教学中不会感到枯燥乏味，这对提高课堂教学质量有着积极作用。

三、体育游戏在高职体育教学中的应用原则

高职体育教学应用体育游戏时，应遵循一定原则。

1. 趣味性原则

体育游戏的应用主要为活跃教学气氛，调动学生兴趣，因此在应用体育游戏时，需为学生营造趣味性环境，满足学生对体育游戏的需求，使学生能够在体育游戏期间感受到体育知识及技能的乐趣。

2. 教育性原则

引入体育游戏的主要目的在于提升体育教学质量，因此体育游戏不可单纯为娱乐性活动，需与体育教学内容相适应，使学生能够在体育游戏中理解体育知识，练习体育技能，同时提升身体素质，因此在设计体育游戏时，需突出体育游戏教育性原则。

3. 公平性原则

部分体育游戏需以竞技性方式进行，为突显体育活动的公平，维持和谐游戏氛围，体育游戏需满足公平性原则，以确保体育游戏可在高职体育课堂中顺利推进。

4. 安全性原则

体育游戏必须以安全性为第一原则，在进行投掷类、对抗性游戏时，教师应带领学生做好热身准备及安全措施，选择适宜体育用具，于体育游戏开展前强调安全事项，同时在体育游戏进行期间，应注意规范学生动作，避免因动作错误而引发安全事故。

四、体育游戏在高职体育教学中的应用价值

1. 促进教学结构的优化

在以往的体育教学中，多数教师在教学活动开始前都会根据实际教学内容采取讲解和示范的教学方法，这种教学方法虽然在一定程度上可以提高学生体育技能和素养，但是会使整个教学过程变得枯燥乏味，不利于学生思维能力的发展和体育技能的提升。如果教师可以将游戏教学

融入高职体育教学中，就可以有效打破传统枯燥无味的课堂教学模式。

2. 与学生心理发育特点相符

在开展游戏教学时，教师所设计的游戏必须要符合学生的身体和心理需求，这样才能促使更多的学生参与体育教学活动。传统的课堂教学模式不但无法提高课堂教学质量，还会抑制学生的个性化发展，使所有学生只能千篇一律地学习相关知识和内容，不利于学生的日后发展。由此可以看出游戏教学在高职体育教学中具有非常重要的地位。

3. 提高学生综合能力

将游戏融入高职体育教学中，可以有效提高学生的综合素养，因为学生在游戏的过程中不仅会用到四肢，其头脑也在不断地运作和思考，这对促进其头脑发育具有重要意义。另外，学生在游戏的过程中也会主动与他人进行沟通、交流并积极展开合作与互动，这对提高学生表达能力和交际能力来说有着一定的促进作用，一旦学生在合作中完成了相关学习任务，就会在内心深处形成较强的集体荣誉感，这对其日后学习和发展有着很大的作用。

五、体育游戏在高职体育教学中的具体应用

1. 在热身准备中的应用

体育游戏在热身准备期间的应用主要为快速组织学生，使学生进入体育技能学习状态，并活跃身体机能，此时教师可选择反向动作等游戏，使学生集中注意力，在此基础上进行热身，活跃大脑。传统性热身准备活动主要为拉伸等肢体运动，该过程较为枯燥，无法调动学生兴趣，但在体育游戏应用时，需转变传统热身活动思维、设计趣味性游戏，使学生在体育游戏期间完成热身准备。例如，将慢跑作为热身活动时，可引入"拉网捕鱼""听数抱团"等体育游戏代替传统慢跑活动，使学生在课前热身准备期间感受到体育游戏的趣味性。体育教学期间将进行各类技能训练，为避免学生在训练期间受伤，需于热身准备期间做好关节活动、肌肉活动，而该类活动热身需根据课程训练项目进行设计，使学生身体机能做好训练准备。例如，在短跑课程训练前，教师可引用"穿梭跑""圆形曲线跑"等体育游戏，用以提升学生奔跑能力，在此类专项准备游

戏中，使学生快速进入短跑训练状态。

2. 技能教学中的应用

学生作为高职体育课程主题，体育教学活动应以学生为本，在体育技能教学中，由教师给予学生适当指导，以此达成体育教育目标，并使学生在教师指导下进行规范化体育练习。传统化体育技能教学形式单一且内容枯燥，无法调动学生兴趣，此时，教师可引入体育游戏，活跃体育课堂氛围，在体育游戏带动下激发课堂活力，增强趣味性及娱乐性，独特有趣的体育游戏可增强学生对体育技能的印象，可大大提高训练效果。以高职足球技能练习为例，教师可引入"模仿追逃""斗鸡""推人出圈"等体育游戏，通过此类游戏锻炼学生腿部力量、假动作能力、急转急停能力等，同时还可提升学生对抗及协作能力，使学生在体育游戏中熟练掌握体育技能。再以羽毛球技巧训练为例，教师可引入"追羽毛球加速跑""羽毛球掷远""羽毛球投准"等体育游戏，在"加速跑"中锻炼学生奔跑能力，"羽毛球掷远"及"羽毛球投准"需学生用球拍进行，可锻炼学生力度控制能力、身体协调性等。现阶段高职院校所开展的篮球、排球、足球等活动均可应用体育游戏完成技能训练教学，增强体育教学灵活性，并推动高职体育教学创新改革进程。

3. 整理活动中的应用

体育课程教学需运用各类运动用具，其中运动用具以球类为主，完成体育技能训练后，需及时将运动用具归类收整。为确保体育游戏贯彻体育课堂始终，教师可依托于运动用具整理活动组织体育游戏。教师根据所应用的运动用具设计关卡，学生需以小组为单位，依次完成游戏关卡后方可"通关成功"，将体育用具放回指定位置。以篮球为例，一名学生进行原地运球与行进间运球，教师以此考查学生运球基本功，另一名学生需准确规范地采用侧面抢球、迎面抢球技巧，将篮球从运球同学手中抢球，学生抢球成功后三步上篮，此时第三名学生需接住篮球，采用投球技能将篮球投至指定位置，在该体育游戏关卡中，教师充分考察了学生篮球技能熟练程度，并使体育游戏与体育用具整理活动良好衔接，实现了体育游戏在整理活动中的实践应用。

六、体育游戏在高职体育教学中的应用策略

1. 体育游戏要尊重学生意愿

在体育教学活动中，学生处于课堂主体地位，体育游戏的服务对象为高职学生，所以体育游戏的设计与选择需尊重学生意愿，以学生为中心，制订符合体育教学情况的体育游戏教学计划。不同体育游戏的使用场景存在差异，在实际应用期间，需根据教学内容及体育项目选择适宜的游戏类型，在特定类型基础上设计不同的游戏，具体开展的游戏需交由学生选择，教师按特定训练目标提供多种游戏，如上述锻炼腿部力量，教师提出"模仿追逃""斗鸡""推人出圈"等体育游戏，由学生自主选择具体开展内容，根据学生喜好最终选定体育游戏计划。除此之外，为拉近学生与教师间距离，教师需注意观察体育游戏开展情况，适当参与其中，与学生共同参与体育游戏，体育游戏结束后，教师可主动询问学生体育游戏体验，走进学生群体，听取学生对体育游戏的建议，并可根据实际情况将学生观点设计在体育游戏中，给予学生被重视感，突出学生教学主体地位。当代高职学生思维活跃，对于新鲜事物的接受能力强，在设计或选择体育游戏时，教师可将体育游戏设计相关工作交由学生负责，要求其根据训练目标自主设计体育游戏项目，这不仅能使体育游戏符合学生意愿，还可锻炼学生组织策划能力，达到良好的教育效果。

2. 合理有效运用小组合作竞技

高职体育教学中的体育游戏多以实际训练及教育任务为依据，选择多种体育游戏类型，考虑到学生综合成长要求，教师应混合应用团队性、竞技性体育游戏，在团队性体育游戏中，学生可直观地感受体育精神，培养团队协作意识，例如：采用接力赛等方式开展体育游戏，各小组需在协调配合下完成体育游戏内容，接力赛在田径训练中最为适用，为锻炼学生综合能力，教师还可在跑道中设计各类小关卡，各小组需根据组员强项及关卡类型进行接力排序，为获得胜利，各小组需合理规划，综合协调。在团队性体育游戏中，这种设计便于学生发现自身缺陷，明确自身优势，并在交流沟通中提升团队协作能力，促进学生全方位成长。

除合作性体育游戏外，教师需灵活运用竞技类体育游戏，用以激发

学生兴趣，使学生在好胜心驱动下提升自身技能。体育游戏具有多变调整的属性，教师在设计体育竞技游戏时，不可将竞争对象局限在组间对抗中，可为传统化个人体育游戏增设排名，使学生能够明确自身能力，并将该排名纳入课程过程性考核中，以此调动学生提升排名的积极性，将传统化组间竞技转化为突破自我，为避免排名先后限制学生热情（即学生技能同步提高，但排名不升的情况），教师应设定优秀线，若学生体育游戏成绩达到优秀线，将在过程性考核中获得优异成绩，通过此方法不仅可以培养学生竞争意识，还可提高学生对体育游戏的重视程度。

　　3. 体育游戏符合学生的身心特点

　　体育游戏的选择需以体育教学内容为依据，同时需符合学生身心特点，从生理特点、心理特征两方面设计适宜的体育游戏。高职学生正处于成长巩固阶段，骨骼度不断提升，已初步完成骨化，骨头纵向生长缓慢，但肌肉组织逐渐趋于横向生长，身体运动能力及灵活性得到大幅度提升，此时教师应选择符合该生理特点的体育游戏，且适当增强游戏难度，并定期组织对抗性体育游戏，促进学生骨骼肌肉发育。除此之外，体育游戏的开展需考虑到学生心肺特点，并于体育教学期间混合应用静力性游戏与力量性游戏，借助体育游戏改善心血管系统功能，使学生身体机能得到均衡发展。高职学生已形成自身价值观念，情感丰富，但自我控制能力较弱，为保障学生身心健康，体育游戏需以学生身心特点为依据进行选择。例如，针对具有力量优势但积极性较低的男同学，教师可设计竞赛类、对抗性体育游戏，使男同学在体育游戏期间学会控制力量，并借助其好胜心调动其体育练习积极性；相较于男同学，女同学的体育游戏应偏向于协调性游戏，并注重培养女同学自信心。为提升体育游戏有效性，教师应考虑学生的性别差异，选择适宜学生身心特点的体育游戏，为进一步调动学生积极性，教师可根据体育游戏类型设置激励性奖励措施，予以鼓励，使学生在教师激励下保持体育练习热情，以此充分激发出体育游戏的教育价值。

二、高职体育教学方法改革的路径

(一) 关注个体差异与个性需求

基于素质教育的价值取向，体育教师应从学生身心发展规律入手，根据学生的综合学习能力发展与核心素养培育需要，进一步整合各类教学资源，改革教学内容，创新教学内容的类型，制订丰富、明确的个性化体育教学活动方案。

1. 科学测量，分层定制

素质教育认同差异，认同因材施教。体育教师可通过问卷调查、交流座谈等方式"摸排"学情，了解学生的体育素质差异，尤其是体能水平的差异、抗压心理的差异、知识储备的差异等，从而将相关学科知识进行层次化分析。体育教师还要改进教学知识中重难点的教学方法，合理调整体育学科的主要教学活动，分层定制教学菜单，优化教学设计环节，并为学生制定个性化的学习目标、学习内容，准备不同的学习材料，帮助学生快速掌握体育技能，提升整体素质。

2. 项目扩充，分类实施

素质教育强调个性，趋向扬长避短。体育教师必须充分了解学生的体育兴趣、体育特长、体育风格，丰富课堂教学内容，创设更加全面的、满足学生多元需求的体育教学活动。体育教师还要确保体育课程因为天气等各类外在因素具有弹性和调整余地，使学生对体育课程内容有一定的选择性。

(二) 注重感官体验和空间延展

随着《教育信息化2.0行动计划》的实施，学校也积极引进"智慧体育"项目，以期更好地让学生参与体育运动，培养锻炼习惯，使学生养成终身体育意识。教师应在高效应用信息技术、构建智能信息化体育教学体系中主动作为。

1. 发挥信息技术优势，推进新型感官教学

过去，感官教学指教师通过对实物或直观教具的演示，使学生利用各种感官直接感知客观事物或现象，从而获得知识的教学方法。现在，教师则可以应用全新互联网教学技术，尤其是VR技术，在室内创设仿真

运动场景，为学生提供新型的感官教学，刺激学生的体育学习兴趣。在此过程中，体育教师需优化固有的教学流程，将情景体验嵌入教学环节的前端，让重点教学内容和难点教学内容呈现在多媒体教学屏幕上或者学生"眼前"，并对训练场景进行三维重构，通过还原真实的陪练环境帮助学生制订具有针对性、便捷性的体育训练计划。

2. 整合信息平台资源，打造数字教学空间

在面对体育教学对象时，体育教师必须重视他们对网络教学空间的适应力，整合数字化体育教学资源，打造在线教学空间。也就是说，一方面，教师可以在互联网搜索引擎之上，查找更加全面的教学资源，收集教学资料之中的各类有益信息，快速把握体育学科的教学动向；另一方面，教师可以在互联网教学平台之上发布相关教学资源与教学任务，或者将一部分教学视频与教学课件投放到互联网教学平台之上，同步利用社交软件，与学生平等交流与积极互动，开展在线教学并实时了解学生的学习情况、实时调整教学内容，提升教学效率与教学质量。

（三）注重师生关系和生生关系

随着对素质教育理论研究的深入和认识的不断提高，学校素质教育的关键问题就是要突出学生的主体地位，因此，体育课堂必须打破"主客"模式。

1. 转变教与学的角色，建立新型师生关系

教与学的角色转变一直是体育教学内容改革落地的关键因素，因此构建新型师生关系的第一步就是把教师单向的输出转为师生双向的互动。当教师退居"二线"成为课堂的引导者、辅助者、支持者，学生成为课堂主人之后，课堂必然从"一言堂"变身为"群言堂"。教师需要让学生参与课堂内容设计与安排，鼓励学生"发声"，并把更多的时间留给学生自主运动与锻炼。同时鉴于班级、学生之间的差异，教师应适度提供导学、导思、导练服务，确保师生"双边"活动顺利进行。

2. 灵活运用"做中学"教学策略，建立新型生生关系

体育课堂的"做中学"往往更容易实现，教师必须更加灵活地选用集体教学、分组教学、个别教学等策略，让学生同质或异质合作，建立新型的生生关系。此时，教师可以结合学生课堂表现情况以及综合素质

能力，实施体育课代表轮流制，设立"体育助教"，并弹性、动态组建"优+优"与"优+差"的教学小组。这样既能使学生扬长，在强强对抗中发掘自身潜能，又能使学生互助，在结对帮扶中寻求进步空间，从而营造良好的生生互动氛围，融洽生生关系和师生关系。

例如，在组织开展50米短跑教学活动时，教师在解说和示范短跑技能要求后，采取分组锻炼的形式，让学生自由组建团队、自制训练计划、完成组内竞赛；当小组训练结束后，各小组进行组间竞赛和成果展示，并要求小组相互点评是否符合短跑规范、是否满足教学要求等；最后，结合各小组情况，进行小组奖励和个人奖励，从而再一次激发学生的学习内生动力，促使学生快速感受短跑活动的无限魅力。

第三节　高职体育俱乐部教学模式

体育俱乐部的概念指的是一种自发的、从事体育活动的基本组织，主要以开展体育活动为主要内容。

一、体育俱乐部课程的概念

体育俱乐部课程是在教师的教学、组织、指导下，以单项俱乐部为组织形式，学生体育骨干为主要组织者、管理者、指导者开展的所有学生参与的以练习与提高、活动与竞赛、评价与分享等为内容的团体教学活动。它可以不局限于正常上课时间，只要小组人员时间一致即可预约教师或者"学生教练"进行活动，也可以根据教师中讲授时间安排学习。国外体育俱乐部课程为我国高职体育改革提供了借鉴，目前我国高职体育教学形式正在进行由选修课向俱乐部方向发展的改革。近年来，国内研究者进行了体育俱乐部有氧健身操课程体系建构、体育俱乐部课程对学生身体素质的不同影响、高职俱乐部体育课程化管理等专题研究。然而，我国俱乐部课程改革目前还受传统班级授课思想的束缚，以俱乐部运行模式替代必修课还有很长的路要走。

目前，国内外相关研究更多侧重高职体育俱乐部的教学模式，较少涉及高职体育俱乐部的课程改革创新，缺乏高职体育俱乐部与社会体育俱乐部的比较分析。

二、俱乐部教学模式的优缺点

（一）优点

（1）从学生出发，以学生的自主选择为主导，从学生的兴趣爱好出发，有利于培养和锻炼学生自主学习的能力。

（2）有利于提高学生对体育学习的积极性，激发学生的兴趣和创造力，通过自主参与的方式，增强身体的抵抗力。

（3）提高了体育教师的专业水平。因为通过俱乐部教学模式应用，对体育教师的专业水平要求提高，体育教师需要较高的专业素养才能任职。

（4）俱乐部教育模式，让所有感兴趣的同学组成学习小组，由于兴趣爱好驱使，使得学生之间的共同话题增多，有利于学生之间、学生与教师之间的沟通交流。

（二）缺点

（1）成本比较高。俱乐部教育模式强调体育项目选择的多样化，对体育场地的要求较高，以及对体育项目相关配套设施设备要求较高。

（2）给学校和教师造成巨大的负担。由于俱乐部教学模式强调自主选择，高职学生较多，选择项目也相对比较多，需要对不同的项目进行重新分组分班，打乱原有的班级，可能会出现有些项目人数较多有些项目人数较少的情况，给教师正常教学活动的开展造成压力。

三、高职体育课堂俱乐部教学模式

体育俱乐部的含义就是自发性地将相同兴趣爱好的人聚在一起，进行锻炼，提高自身的体质。体育课堂俱乐部教学模式的含义就是课堂教学采用俱乐部教学模式。近年来，体育俱乐部的发展成为一股热潮，因为其主要的目的是以俱乐部的形式教授体育课程，使学生能够在自己兴趣爱好的基础上培养终身体育的意识并促进体育技能的学习，体育课堂俱乐部的发展，解决了课余体育俱乐部存在的问题，例如，增加了学生的课程自由选择性、满足学生更多的运动项目需求等，课外俱乐部教学模式向体育课堂俱乐部教学模式的转变，不仅减少了时间的浪费，而且提高了学生及教师的重视，让其效果更明显。

四、体育俱乐部教学模式的优势

（一）教学内容方面

传统的体育教学没有特色，体育课程学习的内容也比较单一，大部分的学习内容就是以跑、跳、武术为主，没有专业的理论指导，部分体育课程多以教师规定的方式和内容进行，学生积极性低，教学课堂上多出现学生聚堆聊天、游戏的现象。而俱乐部教学模式主要以学生的兴趣爱好为主，学生的自主选择性较大，并且在教学过程中会凸显学生的"重要性"，学生的作用得到发挥，上课的积极性也会更高，并且教学的质量也会相应提升。

（二）教学模式方面

传统的教学方式比较乏味、生硬，并且专业性的体育内容难度较大，会使学生产生畏难情绪和消极的心理状态。部分教师在教学方式上比较古板，学生的接受度不高，致使体育课程学习的目标无法完成，也会影响教师的积极性。而俱乐部教学模式，可以将课外的体育内容与课内的教学内容结合，更好地培养学生的体育意识，发挥学生的体育潜能，打破了传统教学的约束，提升的学生的积极性，体育教学也可以顺利开展。

（三）教学价值方面

课堂由不同的个体构成，个体与个体之间有差距，传统的体育课程在对学生进行评价时，采用统一的标准，会出现表现优异的得分高、表现差的得分低的情况。这种差异对于那些进步比较慢的学生来说，无疑是击碎自信心的一把利剑，不仅不利于学习，还可能出现自卑心理，从而影响整体的课堂效果。体育俱乐部教学模式打破了过去以大纲为学习目标的课程，在同一体育课堂内，教师按照学生的实际情况将其分成不同的组别，各自进行教学任务的学习，更加尊重学生的个体特征和差异，学生学习兴趣浓厚，课堂氛围融洽，进而有效弥补传统体育教学的不足。

（四）教学任务方面

在选择一项体育运动时，所有的学习内容都将为充实自己打下基础。在传统体育教学过程中，教师布置相同的教学任务，每个学生每堂课学习相同的教学内容，教师在教学活动中忽视了学生在学习情况上的差异；在体育俱乐部教学模式中，教师针对学生进行教学任务的分工，每个层次的教学任务不同，更加满足了学生对于学习内容选择的需求。当学生了解自己所处的环境时，就会具备自主学习的意识，因而教师在完成教学任务、学生在掌握体育技能方面就会变得更加容易。

（五）教学目标方面

传统体育教学的目标过于单一化，重在强调学生技能的掌握程度，如是否可以参加比赛等。在课堂教学中，每节课的教学目标是不同的，但每节课的目标都是让学生快速掌握技术，教师主动输出，在较短的时间让学生熟练掌握技能，并且缺乏复习时间，不利于学生独立性与创造性的发展。体育俱乐部教学模式将学生进行分类，充分遵循学生身心发展的特点，从学生角度出发，不过分强求教学大纲的要求，不同组别的培养目标不同，不存在组与组之间的竞争关系。

（六）教学评价方面

传统的体育教学在期末结束时，以学生当场的实践情况作为评价学生成绩的唯一标准，以定性评价为衡量标准，即使学生的考试成绩不如往常，也是按照评价的最终结果来评定。体育俱乐部教学模式是将学生分成不同层次，每个层次所制定的标准不同，教师将进步幅度与技能展示评价相结合，综合性地对学生进行评价，主要以学生的出勤率、上课的表现情况及积极性等为主，以技能的掌握程度、进步的幅度和体能训练等方面结合为辅，将定性与定量评价的结合，提高了学生对学习的积极性。

（七）教学成果方面

传统的体育教学比较注重学生技能的培养，只重视学生能不能学会、能不能学好，不关注学生是不是感兴趣，忽略了对学生心理的观察，非常不利于体育课程对学生体育素养的建设。俱乐部模式是以学生自身的兴趣点为出发点，引导学生通过体育锻炼养成良好的运动习惯，提升体育锻炼的兴趣，通过科学、合理的学习体育技能改善自身的身体素质，从而达到身心健康发展的教学目标。

（八）符合国家相关政策的要求

教育部颁布的《学校体育工作条例》概括了学校体育工作的基本任务，在文件中，国家希望学生可以了解体育，养成锻炼的习惯，掌握体育基本技术，提升自身素质，这些都需要学校来做；国家在2002年颁布的《全国普通高等学校体育课程教学指导纲要》中提出了大学体育教育课程的重要性，在大学学习过程中，应培养学生终身体育的理念；在2016年10月25日国务院正式颁布并实施的《"健康中国"2030规划纲要》中，我国未来的体育道路有了良性的政策引领，学校体育教学有了新的发展方向。所以高职要不断关注体育教学，为学生打造良好的身体素质，鼓励学生每天锻炼一小时，掌握一到两门体育专项技能，这更说明了党和国家对学生身体健康的高度重视。学生如果选择网球作为从事终身的运动，通过体育俱乐部教学模式的实施，学生会清楚地认识到自己的不足，同时努力学习，在两三年之内掌握网球技术，为以后的体育运动打下基础。

五、俱乐部模式开展的重要性

大学体育课的开展是提高学生身体素质发展和养成锻炼习惯的必经之路，而随着社会的发展，传统的教学模式开始显现出越来越多的弊端。为了改变这一现状，发挥出体育的作用，大学的体育教学必须做出改变。

（一）提升学生兴趣，培养体育精神

为了适应不同学生的发展需要，在大学体育教学中运用俱乐部教学模式，就可以满足各个阶段的学生需求，学生可以根据自身的喜好选择适合的体育项目。在俱乐部教学的模式中，教师主要是引导学生正确地学习体育技能，学生是课堂的主体，在这过程中，教师要引导学生科学、合理地开展体育运动，并且在运动过程中，让学生积极参与，并且多思考、多交流，这样做可以拉近学生与教师的交流，课堂的氛围也会更加轻松、愉悦。

（二）有利于学生人格的培养

大学阶段的学生已经属于成年人，但是始终没有真正地踏入社会，对社会的现实没有深层的了解。在采用俱乐部教学模式时，学生都是来自各个年级的，所有学生像是一个社会中的"小团体"。因这种模式具有丰富的教学形式和内容，学生之间的磨合相处与参加工作的环境较为类似，这可以加强学生的人际交往能力。并且在教学当中，教师可以引导学生树立正确的价值观念，加强学生的人格培养，让学生在"兴趣"运动中自主学习、自主探究，关注每一个学生的进步和发展，让其在社会中遇到苦难、困境时能够乐观面对。

（三）有利于弘扬体育文化

在网络技术发达的现阶段，学生接收信息的速度和渠道更多、更快。通过信息技术，学生了解到了很多国外的体育文化，其中像跆拳道、攀岩、足球等项目也受到很多大学生的追捧。随着经济全球化的发展，弘扬我国的体育精神也成为一项重要工作，像我国有很多武术学校，而部分学生对"中国功夫"非常着迷，因此，在大学体育俱乐部的教学模式中，可以引入武术课程，根据学生的基础和接受程度设立不同阶段的课程。这样的设置可以让每一个学生都感受到我国的武术文化，学生不仅可以通过武术强身健体，而且还可以通过武术的练习感受我国历史文化，对武术文化有更多更深的了解，将我国的体育文化弘扬出去。

六、构建体育俱乐部教学的课程设置

（一）选课

在教师的引导下，学生进行网络选课或现场选课（第一堂课），这样打破以往的专业班级上课模式，将学生进行重新组合，选课可以满足不同层次、不同爱好学生的需求。

（二）课程内容

课程内容由课堂内容和课外内容两部分构成。课堂内容主要包括体育基础素质和专项技术技能的学习；课外内容形式多样，涵盖体测、校园各类体育活动与竞赛、阳光体育锻炼、校园体育文化活动、区内外和全国各类体育竞赛等。课堂教学内容中体育基础素质主要是发展学生的力量、速度、耐力、协调性、灵敏性、柔韧性、平衡性等身体机能；专项技术技能的学习主要是学生从足球、篮球、排球、网球、乒乓球、武术、健美操、啦啦操等俱乐部中选择学习1~2项体育技能，为培养终身体育锻炼习惯打下基础。

课外体育内容具体表现为：学生每年必须完成国家规定的体质健康测试，测试成绩与学生的各类评奖评优和毕业直接挂钩；学生按要求完成每学期的公里数和跑步次数；俱乐部组织的各类活动与竞赛、校园体育文化活动，学生每学期至少要参加一次；对能代表学校参加自治区级或国家级比赛的学生，学校则可以在体育成绩和评优评奖方面适当倾斜。

（三）分班

俱乐部可分为普及班和提高班，其间学生都可以依据自己的个人条件和兴趣爱好自主选择，最少选1个俱乐部，最多只能选3个俱乐部。教师会依据各个学生的自身条件和技术高低，排出普及和提高两个不同水平的班，安排学生去上课（其中提高班的目标高、要求严、内容繁杂、进度快、质量高，可代表学校进行比赛；普及班的进度慢、强调基础、多重复学习）。每个层次都有相配套的教学计划、授课安排、教学要求以及教师独有的教学模式。难度越高的所教授的知识和技能就越具有挑战性，考核所获得的分数就会越高，因此，学生更需要大量的独立锻炼。在教学内容上，每个层次都不是简单的知识和技能的增减，而是根据不同层次学生的身体条件和技能，合理定位不同层次的教学要求。在教学中，教师应从内容、难度和标准等方面进行必要的划分，以促进学生达到更高的水平。

（四）教学人数限制

为保证教学质量，一般意义上实行男女分开教学，部分活动可以男女一起上课，班级人数原则上为25~35人（像小球类及高层次班级人数可适当递减，但对高层次班级学生应采用动态教学管理体制，即升降级制度）。

（五）教学时间

为增加体育教学俱乐部的教学时间和空间，创造有趣、宽松的学习和运动氛围，俱乐部教学时间除正常上课时间外，可以延续到周末时段（9：00～22：00）。

七、体育俱乐部教学模式优化对策

（一）健全教学管理体系

要在高职体育教育中有效实施俱乐部教学模式，将俱乐部教学模式的作用充分发挥出来，就要准确地进行俱乐部的定位。

第一步，校方在进行俱乐部教学模式前应进行体育俱乐部的设置，设置完善的俱乐部管理机构，保证体育俱乐部的正常运行。

第二步，落实体育俱乐部的各项管理制度，明确岗位职责，提升俱乐部的管理水平，这是高职体育俱乐部教学模式正常运转的基础性工作。

第三步，学校应积极与社会相关领域进行交流与合作，发挥出体育俱乐部应有的社会化效果。在我国，高职体育与社会体育是相对独立的，却又相互关联，相互影响。所以，我们要根据本校体育教育课堂的教学情况，进行体育俱乐部的准确定位，将高职体育教育与社会体育教育联系起来，发挥出体育俱乐部的作用，有效提升学生体育应用能力。

（二）完善体育俱乐部管理制度

俱乐部教学模式的实施影响因素众多，一旦体育俱乐部的管理制度出现问题，就会影响到俱乐部教学模式的教学质量。学校进行高职体育俱乐部管理制度的完善，一定要结合高职体育教育的实际情况以及体育俱乐部的建设情况，构建健全的管理体制，让俱乐部教学模式的开展能够有理有据，促进俱乐部教学模式的有效开展。

由于各个高职院校的教学环境存在差异，体育俱乐部的教学规模并不相同，各校也要借鉴国外体育俱乐部的规章制度，再总结本校的体育教学情况，进行体育俱乐部管理制度的改进以及完善，使体育俱乐部教学模式能够顺利实施。

（三）全面贯彻俱乐部教学理念

高职体育教育要实行体育俱乐部教学模式，要全面贯彻以学生为本的教学理念，将学生放在体育课堂的教学主体位置，以学生的兴趣为切入点，按照本校体育教学的实际状况来进行教学方式的改革，发挥出体育俱乐部的作用。第一，学校在坚持以学生为本的教学原则的前提下，对学生基本情况进行调查和了解，总结学生的兴趣需求以及学生的身体素质情况，制定出相应的体育教学课程，提升学生对于体育课程的接受程度，激发学生兴趣，提升体育教学质量。第二，在高职体育俱乐部教学模式下，学校应摆正教师在课堂中的位置，清楚地认识到课堂上教师与学生的教学关系，充分发挥出体育俱乐部教学中学生的教学核心效果。高职体育俱乐部教学模式要加强教师与学生之间的互动性，积极鼓励学生，并引导学生能够积极参与体育活动，增强学生的综合素质，来促进学生的全方位发展。

（四）明确体育教学俱乐部建设目标

体育教学俱乐部模式在本科院校的应用就是通过多样化的体育项目及形式，来调动起学生积极参与体育学习的热情与动力，以此来帮助学生养成良好的体育锻炼习惯。因此，这就需要教师明确体育教学俱乐部模式的建设目标，彻底对传统的自然班教学形式进行转变，并且结合本科院校自身的教学条件、体育的文化传统以及教师的专业特长、学生的兴趣喜好等，制订体育俱乐部教学的计划与方案，从而为体育教学俱乐部模式的开展奠定基础。

对于为达到俱乐部教学建设的目标，教师可以从以下几个方面入手。

（1）培养学生的体育兴趣、形成终身体育意识。

（2）加强学生的体育知识与技能，强化学生的身心健康水平。

（3）发展学生的综合能力。

（4）塑造学生良好的体育道德与精神。

（5）锻炼学生的社会交往能力等目标，从而确保体育俱乐部教学的有序进行。

与此同时，体育俱乐部教学模式要以学生的需要为奋斗方向，实现一切为了学生的教育初衷，去进一步满足学生个性化、主体性发展的目标。

（五）优化体育俱乐部教学的过程

体育俱乐部教学模式实施的目的在于将学生的需求作为教学的前进目标，所以教师要加强对体育俱乐部教学过程的优化与改革，以此来确保各个环节的教学正常、顺利地进行。

首先，体育俱乐部以体育课堂为主，教师不仅要对学生进行相关教学内容的讲解，还要加强对学生的体育文化知识传授，同时强调体育教学过程的通识性、技能性与应用性。其中过程教学包含3个部分的内容：一为专修内容，是系统、全面传授项目的技术与方法，这是体育俱乐部教学活动的主体，更是构建学生体育知识体系，强化学生体质的有效途径；二为自选内容，需要学生根据自身的知识水平需求制定，目的是提升学生构建知识的能力，创造出良好的教学情境；三为活动内容，目的在于促进各类学生的不同特长发挥，这对学生的体育运动能力、终身体育意识与习惯的形成具有很大的帮助。

其次，对于体育教学俱乐部模式的教学过程优化，教师还需要根据以下3个方面进行研究。一为创新性。因为全新的教学理念提出更加注重体育教学的条件，包括教学的环境、器材及场地等，所以这就需要体育教师以系统的观点构建全新的教育体系，并且在日常的教学中，能够创造性地运用新颖的教育理念，加强对学生个性化学习需求的了解，以此来为学生选取与之对应的教学内容和活动。二为系统性。现代化的教育模式，相比传统的教学模式，其差别在于教师会完整、系统地选择有效的教学方案，强调教学过程与学生学习过程的统一性。三为实用性。这就需要教师能够将体育教学融入社会体育之中，培养学生自主、创造性地进行体育活动时，促使学生的社会属性融入体育活动之中，以此来增强学生的社会适应性与实践能力，从而实现体育俱乐部教学质量与实效性的明显提升。

（六）多元化教学方法

由于俱乐部的教学内容不同，因此教师在进行教学时要使用多元化教学方法，并根据内容选择合适的教学方式，这样才可以为学生创造一个良好的学习环境。具体来说，教师可以采用问题教学法、项目教学法、示范教学法等一些较为新颖的教学方式，增强学生学习兴趣。同时教师还需要注重采用多元化教学方法优化教学过程，让学生乐在其中，真正掌握体育知识和运动技巧。

第五章 高职体育教学模式的创新

第一节 翻转课堂教学模式

一、翻转课堂教学模式概述

翻转课堂译自英语"Flipped Class Model",又称为"翻转课堂式教学模式",它是新时代、新技术发展背景下的创新性教学思维和教学办法,是一种区别于传统课堂教学模式的全新的、深层次的混合学习模式,其在教学内容、教学手段以及教学形式上与在线学习深度融合,构建成更加适于高职学生身心发展的创新性教学理念和教学模式。传统教学历来奉行"课上教师教学,课下自主内化"的教学原则和模式,而翻转课堂教学模式就是对此固定化教学模式的"翻转",即采用在线学习的方式实施学生自主、独立学习。学生根据自身情况选择学习资源,自行学习和吸收知识,而课堂上不再进行知识的传授和梳理,教师必须要利用课堂时间通过特定的课堂活动有效引导学生内化知识。翻转课堂教学是对传统教学思想和模式的一大颠覆,其必然为高职体育教学带来更多生机与活力。

翻转课堂教学模式的主要特征和优势在于在主干课程学习中有效嵌入网络技术手段,从而显著增加了学生的课堂实践时间,提升了教学质量和水平。这种创新性教学模式和手段的应用来自社会经济、信息技术的发展,也来自现代教育理念的更新,反映了当前教育领域的变革精神与创新积极性。翻转课堂教学强调学生的主动性以及个性化差异，能够在激发学生学习积极性、能动性的同时，尊重学生个体差异，充分考虑不同个体的特征与需求，通过多方面、多元化、多层次的教育手段实施教学，从而使学生获得综合性的发展和进步。可以说，翻转课堂教学的价值，更多的在于其教学模式对于学生知识、技能以外的培育和影响，评价学生并不仅在于学生的学习成绩，而更多地关注学生的学习态度、学习兴趣、学习自主性、社会适应能力、自主探究能力、合作沟通能力等。

二、翻转课堂教学模式的理论基础

翻转课堂教学与传统课堂教学有着很大区别，其教学手段、内容与形式具有创新性和挑战性。对此，若想充分有效应用翻转课堂教学，就必须要了解这种全新教学模式背后的理论基础，只有遵循这些理论指导，在教学指导中才能做到有的放矢，才能有效提升教学效果。

（一）元认知理论

美国心理学家弗拉维尔提出了元认知理论，这一理论主要研究和讨论的是对个体认知活动的知识、行为和体验所进行调控的过程，即人类对认知的自我认知。从学生这一角度来解释，元认知主要是指学生对自身的学习活动所产生的自我意识，以及进行的自我评价、自我调节和自我监控。基于这一认知理论，学生能够对自身学习形成有效的自我调控，并培养良好的自主学习能力、自主创新意识以及良好的学习习惯，促进学生自主学习效果的有效改善和提升。

在翻转课堂教学中，学生需要在课前自主决定学习时间、地点、频率、工具，以进行基础知识的自主学习；需要在自主学习中思考通过何种手段和条件来实现自主学习、高效学习；需要在学习过程中对自身学习过程进行合理监控；需要对自身学习结果进行全面、理性的评价等。这些过程实际上都属于学生元认知的范畴，这种元认知的作用贯穿于翻转课堂教学始终，对翻转课堂教学产生重要的推进和促进作用。

（二）支架理论

支架原是建筑行业的一个元素概念，一般是指为建筑提供暂时性支撑的柱子，即"脚手架"。在学习层面的支架理论中，"支架"是指为学生提供一定的学习帮助。基于支架理论的支架式教学策略则是指为学生的知识意义建构提供相应的概念框架。

在教学活动中，支架式教学策略根据对象和主体的不同主要分为两大类，即教学支架和学习支架。教学支架立足于教师视角，强调支架有助于教师顺利实施教学过程；学习支架立足于学生视角，强调支架有助于学生自我知识意义的建构。在教与学中，支架是静态的，而支架的使用却是动态的，要解决一个问题可能要用到多个难易不同、形式不同的帮助支架，并且科学把控支架使用的频率变化以及最终消失的时间，从而实现学生有效地自主学习。

在翻转教学课堂中，学生的学习支架概念通常来自教师，但同时也可能来自同伴，甚至是学习材料设计和组织的管理员，这些不同的角色个体为学生的自主学习提供帮助，促进学生有效地吸收知识、高效学习，培养良好的自主学习意识以及独立解决问题的能力。

（三）最近发展区理论

最近发展区理论是指个体独立分析、解决问题的实际水平与潜在水平之间所存在的差距。其中，实际发展水平是指学生当前已具备的独立解决问题的能力，而潜在发展水平则是指学生基于现有水平可通过一定外在条件而完成任务的水平。因此，最近发展区理论主要讨论的是超出个体现有水平的，与当前个体能力发展最近的一个潜在机能区域。

在翻转课堂教学中，学生的课前学习阶段主要是进行基本概念学习和相关针对性训练，这些学习和训练的知识层次尚处于学生实际发展水平之内，通过正常的学习努力即可达成。而课堂学习活动的内容必然具备一定的难度，且超出了学生的实际认识水平，学生只有通过一定的教师指导、资料辅助、同伴协作才能有效完成学习任务，这一部分内容就属于学生的潜在发展水平。由此可见，最近发展区理论强调的是学生基于一定的基础知识学习，通过有效的学习活动进行知识的强化和提升，从而实现对知识的理解和深化。

（四）建构主义理论

建构主义理论指出学习是一个学生基于自身知识和经验，主动与外界联系、获取知识并建构新知识的内在心理表征过程，强调打破被动性、机械性、固化的知识记忆教学。基于建构主义教学，教学过程中必须以学生为中心，教师为学生提供自主学习的素材并开展以问题为核心的驱动教学，鼓励学生通过有效的自主学习和协作学习实现对新知识的意义建构。

在翻转教学课堂中，学生在课前知识传授环节拥有学习的自主权和决定权，教师搜寻和组织相关学习资料和素材供学生使用，以问题为中心，学生基于已有的学习经验学习新内容；在课堂学习环节中，教师引导学生开展相关学习活动，帮助学生掌握和巩固新知识，并为学生提供个性化帮助。通过以上两个环节的学习，学生基本能完成对新知识的意义建构。

（五）自主学习理论

自主学习理论，即学生拥有学习的自主权，自主决定学习内容、行为、方式和路径，自行监控、评价学习的过程和结果，体现个体学习活动的相对自律性、自立性和自为性。学习终究需要依靠学生自己去完成，学生应当对自身学习起到高度负责和监管的作用，应当自行决定自己的学习过程、方法和进度。

在翻转课堂教学中，课前知识传授与课堂知识内化两大环节都强调学生的自主权，学生应当根据自身基础特征、水平和兴趣需求自行选择学习方式、策略和路径，真正成为学习的主人。

（六）协作学习理论

协作学习理论，即在一定教学目标的引导下，以小组合作的形式开展学习。协作学习能够有效激发学生的学习积极性、能动性，帮助学生培养良好的集体意识和合作精神。

在翻转课堂教学中，学生在动态协作学习小组中互相交流、互相学习，协同完成新知识的建构，并在教师的指导下共同解决难题。协作学习增强了学生的团队协作意识，有利于培养和提高学生的自主思考和学习能力。

三、翻转课堂的现实价值

（一）新时代背景下教学形式变革

在线教育的发展为翻转课堂提供坚实的技术支持，在线学习与学校课堂学习相结合成为未来教育教学发展的重要形式，翻转课堂成为这种重要形式的表现方式之一。翻转课堂在保障学校教育教学工作平稳运行的前提下，促进了学校教学形式的变革与发展。翻转课堂可以作为学生体育学习的重要形式之一，学生在居家学习的过程中不仅能够学习科学文化知识，还能够习得体育运动知识，对发展学生身体素质和保持心理健康具有重要价值。

（二）落实体育教学先进性理念

将翻转课堂引入体育教学中，有利于落实体育教学先进性理念。在2011年实施的《体育与健康课程标准》中，强调了我国体育课程教学的指导思想为"健康第一"。2020年10月，中共中央办公厅、国务院办公厅印发了《关于全面加强和改进新时代学校体育工作的意见》（下文简称《意见》），《意见》明确指出在体育教学中要坚持"健康第一"的教育理念。可见，"健康第一"是体育教学要贯彻到底的教育理念。在传统体育课堂中，体育教师重视体育知识的传授和动作技能的讲解，体育课成为学生被动接受体育知识和动作技能的"乏味"课程，学生热爱运动却反感体育课，体育课程仅仅发挥了工具性的价值。将翻转课堂引入体育教学中，体育课堂呈现出生机和活力，在课堂中学生的体育实践占据较多的课堂时间，学生在师生交流和同学交流的活跃课堂氛围中习得运动知识和技能，提升体育学习的自我效能感。在体育翻转课堂中，学生有更多的运动时间，能够排解学习的压力，也响应了"每天运动一小时"的国家号召，起到锻炼身体的作用，实现身体健康和心理健康的目标。同时，体育教学能够更好地落实"健康第一"的教育理念。

（三）创新体育教学形式

翻转课堂作为一种新的教育教学形式，教师可以充分利用了课堂内的宝贵时间来实现课堂教学目标，同时也能够有效地利用课外时间扩充学生的课外知识储备，有利于提高学生的学习效率。在这种教学模式下，教师可以利用网络、电子设备来与学生进行课堂交流与讨论，充分利用一切教育资源，丰富教师的教学形式。翻转课堂有利于教师增强教育教学能力，更大限度地促进学生的自主学习。与传统的教育教学模式相比，翻转课堂能够使课后学习更为充分，学生可以根据自己的学习能力来规划学习内容，找到适合自己的学习途径。将翻转课堂引入体育教学，教师能够充分地利用信息技术为学生提供更丰富的教学内容，教师可以录制微课，可以通过网络选取优质的教学视频等，来达到让学生积累体育知识的目的。翻转课堂应用于体育教学，有利于学生开展混合式学习、探究性学习，使学生的学习方式更加灵活，丰富体育教学过程中的教育教学形式，促进教学任务的更好完成。

（四）更好地实现师生互动与沟通

在体育教学中，翻转课堂有利于实现师生的良好互动，融洽师生关系，让教师多渠道地了解和关心学生的学习情况，利用教育教学平台帮助学生解决困难，也可以使学生能够利用网络教学形式，大胆地与教师进行讨论与沟通，利于克服胆怯心理。翻转课堂引用了虚拟教学平台，能够使教师和学生之间的交流与沟通方式更为丰富，在一定程度上有效地解决有些学生因胆小而不敢与教师沟通的问题。与传统的教学模式相比，翻转课堂这种教育教学形式，充分发挥了学生的主体作用，让学生能够有效地利用互联网优势来表达自己的学习成果，探究学习方法，使得教师与学生的角色互换，有效地增进了教师与学生之间的关系。在教学过程中，教师可以辅导学生进行视频学习，针对一些教育教学的重点，引导学生进行组织和讨论，让学生自行安排教学活动，并根据自己的教学安排来为班上其他同学进行讲解，既能够培养学生的表达能力，也能够让教师充分地了解学生对该知识点的掌握情况，这样有助于教师进行系统性、针对性教学，同时也能够增强学生对该教学内容的印象。在体育教学活动中，使用翻转课堂，教师能够有更多的时间集中解决学生遇到的问题，有利于缩小不同学生之间的学习差距，对于激发学生学习体育的兴趣具有重要作用。所以教师在日常教学中适当使用翻转课堂模式可以提升体育教学效果，使教学活动更为丰富。翻转课堂还可以使学生利用网络教学平台进行教学评价，既有利于学生发表自己对教学的看法，又有利于教师了解自己的教学能力，促进教师与学生关系的更好构建，使体育教学更为系统化。

（五）提升体育教学科学化程度

将翻转课堂引入体育教学中能够提升体育教学科学化程度。学生的学习需求是存在差异的。学生的学习习惯、学习进度和学习方法也存在着较大差异。尤其是在体育学习中，学生的性别、身体素质和运动能力均对学生的体育学习有一定的影响。在体育教学翻转课堂中，利用信息技术作为教学手段，学生在"前课堂"跟着学习资料、视频讲解，学习体育知识和动作要领，作为学习的基础部分。在这一阶段的学习中，学生可以根据自己的时间合理安排学习进度，可以随时暂停教师的讲解，不会的地方可以重复学习和练习，直到学生学习需求得到满足为止。对于擅长体育运动、身体素质良好、运动能力较强的学生来说，完全可以压缩学习时间，把更多的时间和精力放在动作练习和其他学科上。对于不擅长体育学习、身体素质较差、运动能力较弱的学生来说，不受限制的学习时间、无限重复的教学，可以帮助他们更好地获得有效的指导，在满足学生个性化学习需求的基础上，实现教育公平。体育教学不再被课堂时间和教学地点限制，学生拥有更加自由的学习时间、空间，学习的强度和速度更加适合自己。

（六）提高体育教学课堂实效性

将翻转课堂引入体育教学中能够提高体育课堂的实效性。课堂的实效性是指教师的课堂教学是实际有效的，能够实现教学目标，达到教学效果，学生能够获得具体的进步和发展。在传统体育课堂中，教师的讲授占据了绝大部分课堂容量，学生在课堂的大部分时间里处于被动接受知识的状态，而且课堂时间有限，无法保证绝大多数学生习得知识，导致教学目标未能达成，课堂的实效性大打折扣。但是，在人的认知规律中，如何将学习到的知识与自身已有知识进行整合和重组即"知识内化"，这属于重点和难点，学生是否学会了知识主要体现为知识内化的程度。传统课堂中，"知识内化"这一环节是放在课堂之后进行的，学生自主练习和知识应用缺少教师的参与和帮助。而在体育翻转课堂中，将

"知识学习"放在学校正式体育课堂之前，作为学生的预习任务，学生在课前学习知识的大概内容，并将产生的问题放在课堂中与同学和教师共同解决，这就能够确保在"课堂中"解决"知识内化"这一难点，保障学生能够习得知识。将翻转课堂引入体育教学中，学生在"前课堂"预习和学习体育知识，在"课堂中"解决问题和困难，能够保证学生在"课堂中"达成教学目标，课堂发挥了真正的作用，提高体育课堂的实效性。

（七）促进学生综合能力的发展

在体育教学翻转课堂中，学生不仅需要有获得知识的能力还需要具备综合能力。在翻转课堂中，有利于提高学生运用智能工具学习的能力、时间安排的能力、自主学习的能力、合作学习的能力和社交能力等。首先，学生成长在网络极度发达的环境中，让他们脱离电子产品专心学习书本知识已经很难实现了。信息技术成为学生日后工作和生活中不可或缺的技能。在翻转课堂中，学生运用智能工具进行学习的同时，自身信息技术的能力也得到发展。其次，学生学习压力大，时间安排得非常紧凑，参与很多社团活动、比赛或者兴趣班，可以根据实际情况安排学习体育知识的时间，培养学生把控学习时间和制订学习计划的能力。再次，翻转课堂需要学生在"前课堂"完成体育知识的学习，需要学生具有一定自主学习的能力。主动学习者的最显著特征是能够进行自主学习，包含自我计划、自我监控和自我评价3个基本要素。学生需要对自己的学习内容、学习时间进行规划，对自己的学习过程进行监督并且对学习效果进行自我评价。最后，在教学的过程中，教师会安排进行小组合作学习或者建设学习交流群，学生可以对体育学习的情况进行及时的交流和合作，这就需要学生具备合作学习的能力和社交能力，促进学生综合能力的发展。通过分组学习使学生受到同伴的影响，加快知识内化的同时开阔学生的视野；在教师个性化的引导下，有利于帮助学生解决个性化的问题，我们必须要承认学生之间的差异，帮助学生获得有差异的进步和提升，促进学生个性化的认知。

四、翻转课堂经典模型

（一）杰姬·格斯丁的翻转课堂模式

杰姬·格斯丁的翻转课堂模式包括一组基于体验式学习周期的学习活动。

1. 体验式参与

体验式参与实质上就是一种体验式训练，其主要内容包括体验式学习活动、实验、模拟、游戏和艺术活动等。这一阶段的任务在于引领学生参与真实的活动，激发学生的热情、积极性和好奇心，在活动设计上应当努力营造身临其境之感，使学生能够将探索内容与个人经验有效联系在一起，实现有意义的知识建构过程。

2. 概念探索

在概念探索阶段，学生会接触到体验式阶段中所涉及的一些概念知识。本阶段的学习内容主要通过文本、视频以及网站等形式呈现给学生，学生自主决定学习方式和学习时间，对视频、网站内容等提出疑问。

3. 有意义建构

有意义建构，即对概念探索阶段的学习内容进行反思。在这一阶段中，学生通过视频、音频等方式建构或表达自己的看法和理解，进行独立思考，从而促进知识内化。

4. 演示与应用

演示与应用，即学生对自己所学内容进行实际演示，并通过某种方式对其加以应用，使所学内容具有意义。这一阶段通常是采用小组协作、面对面形式开展。

（二）罗伯特·塔伯特的翻转课堂模式

罗伯特·塔伯特的翻转课堂模式主要描述了课前与课中两个流程部分。其中，课前任务为基础概念理解以及导向性训练，教师不再进行"长篇大论"，首先进行小测试，然后解决学生提出的问题，促进学生知识的内化吸收。

五、"翻转课堂"的现实误区

（一）弱化体育教师的作用

体育教师在翻转课堂中转变了角色，从以往的知识传授者和课堂管理者转变为学生学习的引领者、指导者。而这种变化并不代表体育教师的地位下降，相反，体育教师的作用比以往更加重要。首先，在"前课堂"中体育教师需要准备教学视频等一系列教学资料并发放给学生，这些教学资料的准备需要花费大量的精力进行重组和不断挖掘，既要满足学生学习的需要，更要调动学生的学习兴趣，这对于教师来说是个极大的挑战。在这一时期体育教师是学习领导者、组织者，决定学生需要学习的内容。其次，教师作为课堂的调控者，负责将学生进行异质分组，调控学习组织形式，引导学生对知识学习进行内化，再对学生们的问题进行个性化的回答和辅导。最后，教师对学生知识习得情况进行评价，在该阶段体育教师又是评价者。所以说，在翻转课堂中，教师的地位并没有降低，反而更加重要，虽然学生能够作为学习的主体、主动者，但是教师作为引导者、组织者、调控者具有更为重要的价值和作用。忽视教师作用的观点是错误和不可取的，是翻转课堂的误区之一。

（二）高估学生学习的自主性

在翻转课堂中，学生在课前自主学习教师布置的学习任务，通过教学视频等学习资料完成知识学习的任务，并列出自己对于本节课存在的问题、疑惑等，在课上与同学进行问题的交流和解决，最后由教师辅导和点播，在学生不断地联系和应用中完成学习任务，实现知识习得。但是，以上的程序都是翻转课堂的应然状态，是一种理想化的状态，在体育教学翻转课堂的实践中，还存在着学生学习自觉性较低、无法完成课前学习任务、课中参与课堂的积极性不高等问题，不仅违背了翻转课堂的初衷，还使教学效果大打折扣。所以，在实践翻转课堂这一教学形态时，教师要监督、监测学生的学习自主性，建立健全评价机制，督促学生完成学习任务，使翻转课堂模式达到真正的效果。高估学生的学习自主性是翻转课堂的误区之一，尤其针对低年级学生的体育教学。低年级学生学习自主性比较差，应该调动学生家长和教师共同监督，帮助学生的体育学习。

（三）忽视学生体育素养的培养

体育教师备课时不仅应该重视体育学科的教学，更应该重视培养学生的体育素养。体育学科的核心素养主要包括体育情感与品格、运动能力与习惯、健康知识与行为。那么，学生在课前对信息化的教学视频等资料进行学习，如何获得体育素养的提升？这是体育教师不能忽视的问题。在教学中融入体育情感的培养、体育品格的塑造、运动能力的发展、运动习惯的养成、健康知识的学习和健康行为的实践等，这就要求体育教师的教学内容不仅仅是体育知识与技能，更要塑造完整的体育人格。教师可以剪辑一些精彩的体育比赛片段培养学生热爱体育的情感，激发学生的学习兴趣；列举在体育比赛中运动员犯规的案例，对学生的体育品德进行培养；在日常学习生活中，教授学生一些简单易操作的健身方式，提升学生的身体素质；梳理一些体育运动的发展历史、比赛规则以及体育赛事的举办历程等学习资料，丰富学生体育文化方面的知识，使学生在生活的一点一滴中进行体育学习，养成体育运动的习惯，比为了体育测试"临时抱佛脚"努力更加有效果，更能够提升学生的体育素养。

（四）偏离翻转课堂的本质

翻转课堂的本质即通过调整学生"知识学习"和"知识内化"的顺序，来实现教学效果的最大化，目的就是提升学生的体育学习效果。在众多体育教学模式繁荣的今天，在实际教学中难免出现为了"翻转"而"翻转"的情况，模式化、形态化并不是一个空壳，重要的是在丰富多彩的教学内容中，在教师精心设计和安排的课堂中，学生能够实现体育知识习得和体育运动素养的提升。体育教学翻转课堂的目标是提升学生体育学习的效果，而不是一味追求形式上的前沿，这是体育教学中翻转课堂的误区之一。

（五）套用其他学科的经验

翻转课堂诞生于化学学科，随后在各个学科开展，甚至在教育界掀起了一场课堂革命。翻转课堂这一教学形式在其他学科中已经积累了丰富的教学经验和研究成果，无论是在理论上还是实践中都已经趋于成熟。

但是在体育教学中，对于翻转课堂的研究还比较薄弱，在实践中体育翻转课堂也处于探索的时期，在不断的"试错"中取得了一些成绩，其中就不乏借鉴其他学科采取翻转课堂这一教学形式的成功经验。但是，体育不同于其他学科，体育课堂无论是在地点、内容上都比较灵活和生动，其组织形式也是丰富多样的，这是体育教学的特点。同时，这对体育教师来说也是个极大的挑战，如何不照搬套用其他学科的经验，达到体育教学翻转课堂的教学效果，是体育教师值得深思的地方。

六、翻转课堂教学模式在高职体育教学中的应用研究

翻转课堂教学有利于激发学生的学习主动性和积极性，培养和提升学生的团队协作意识与探究学习能力，弥补传统课堂教学模式下时空的不足，强化知识和技能的融合与内化，显著提升高职体育教学质量与效果。

高职体育翻转课堂教学通常包括几个模块，即课前学习资源制作准备—学生自主学习—课中知识内化—课后总结评价。每一个模块都尤为重要，教师应有效引导学生参与每一个模块的学习训练，构建以学生为中心的高职体育教学模式。

（一）课前教学资源准备阶段

教学目标是教学活动开展的实施方向和预期成果，是指引教师教学行为的航向标。课前，教师首先应当根据教学计划、教学大纲审慎确定教学目标，基于清晰、明确的教学目标采取一系列的教学措施，以保障翻转课堂教学正常实施。课堂教学目标的确定应当体现发展性，即目标应当以保障教学的实效性为前提，教师在教学中对教学目标进行具体调整和修改，以动态性发展教学目标促进课前、课中、课后3个环节有效联通、互相协调。其次，教师应当基于已明确的教学目标确定好教学内容与知识点。教师应当根据学生的认知特点和发展需求恰当选择教学素材，并根据教学内容的结构特点对其进行合理加工和组织，以使其更加适应翻转课堂教学需要。教师应根据具体的教学目标进一步细化子目标，并对每一个子目标设置相应的学习内容和任务，采取信息技术手段，将体育教学中的各知识技能要点整理设计成PPT演示文稿，辅之以比赛录

像视频、FLASH动画图解等手段进行内容整理和编辑，制作完整生动的教学视频录像，并按照教学步骤和程序制作成学习资源传到网上。除了自制教学资源，教师也可以从相关比赛视频、网络公开课等一些网络资源中获取教学素材，进行适当的加工处理，以充实教学内容，使学生更深入了解学习内容。教师要注意，视频制作必须充分考虑时间要素，要合理划分每一个单元内容，力求简明扼要、规范全面、由浅入深、由易到难，视频内容与教学目标、教学内容一致，确保时间利用效率，以使学生高效掌握和理解知识，实现教学效果的最优化。

翻转课堂强调学生的自主性、积极性，需要学生自己发现问题、解决问题，主动进行课前新知识学习。首先，学生应当接收和下载教师已制作完成的学习资源包，从中了解教学目标、任务和内容，自行在课前学习本次课堂教学的技术动作和理论知识内容，以形成一个初步、大概的理解和认知，再观看相关视频录像进行对比分析，以形成正确的概念和印象，为课中实践打下坚实基础。此外，在课前自主学习过程中，学生应当主动探索、发现和解决问题，通过查阅资料等方法解决自己能够解决的问题，同时记录好自己解决不了的疑难问题，到课中问询教师或同学。要注意的是，在课前自主学习阶段，由于缺乏教师的指导和检查，学生的技术动作可能会出现差错，如果不及时加以矫正就会形成错误的动力定型，不利于之后的学习发展。因此，学生的自主训练应当适当，应尽可能在充分观看和认真理解教学视频动作示范的前提下，以小组或结伴的形式进行动作训练及检查指导，形成正确的动作定型。

（二）课中知识和技能的融合与内化阶段

在课中教学过程中，教师指导教学并回答学生提出的疑问，学生通过具体的身体训练形成运动技能，有效内化知识。在课堂上，教师首先应阐明本次课堂学习的任务，收集学生的问题，并对问题进行分类，组织学生小组进行交流讨论，引导学生通过探究式方法自主、合作解决问题，培养和提升合作学习、主动探究的能力。对于其中难度较大的、普遍反映难以解决的问题，教师应当给予一定的提示指导，帮助学生形成正确的思维和良好的解决问题的能力。在解决好学生的疑难问题后，教师应根据学生水平和特征展开分层的针对性教学，对学生中普遍存在的动作技术错误进行总结、讲解和纠正。此外，教师应当组织学生个人进行示范指导、讲解，使学生会做、会教，透彻了解动作知识技能。

翻转课堂的课中教学，应尤其强调学生间的讨论以及师生间的互动，应当通过探究式方法解决问题并引导学生主动参与讨论交流，互相纠错、团结协作增强课堂的互动性。在分组讨论和训练后，每组选取的代表应反馈结果和问题，教师进行总结评价，集中解决学生问题，这不仅能培养学生的纠错能力、探究能力及观察能力，同时还有利于建设新型师生互动关系，使学生能够在和谐、平等、自由的学习环境中有效实现技能的形成和知识的内化。

（三）课后反馈、评价、巩固提高阶段

课堂结束后，教师应当对学生课中的学习态度、训练效果、错误动作进行总结、评价，根据存在的问题对整体教学方案进行思考和修改，通过网络平台收集学生对教学的感悟、主动性、掌握程度等信息，创造协作学习的环境和空间，形成一个有效的师生互动途径，确保师生之间充分的沟通和反馈，有效解决教学中存在的问题，实现教学效果的最优化。

七、体育教学中翻转课堂实践措施

（一）培养学生自学能力

体育教师要想有效培养学生自学能力，就必须以快乐体育为指导思想，注重学生的学习习惯与方法，根据学生的个性特点，对学生展开体育知识和体育技能的教学，以此提高体育翻转课堂教学质量与效果。因此，教师在对学生开展体育课堂教学过程中，要利用互联网技术不断收集新的体育教学资源，将体育教学资源制作成音频，并在线下体育教学当中应用教学设备进行播放和授课。同时，教师还应积极与学生在课堂教学当中展开交流与互动，并在课后收集学生对教学模式的反馈与测评，根据学生提供的信息完善体育教学模式和内容，有效激发学生对体育知识和体育技能的学习兴趣，调动学生在体育课堂教学当中积极参与的热情。混合式翻转课堂生动、新颖，能有效培养学生终身体育意识。另外，教师还要指导学生自主在课堂中进行体育知识和技能的学习，使学生在

做游戏过程中学习到体育知识和体育技能，以此有效培养学生的自主学习能力。

（二）创新体育模式，提高教师专业素养

随着我国教育的发展，国家对学生的体育健康状况提出了越来越高的要求。

这一方面是为了让学生掌握一定的体育专业知识，另一方面也是为了培养学生热爱运动的积极性。创新体育教学是要求体育教师能够在体育课堂内容方面进行适当的改革，给学生营造融洽的课堂氛围，引导学生改变以往对体育学习不认真的态度。教师在教学过程当中也应当成为学生学习的引导者和支持者，对于学生提出的一些问题，教师应当及时地解决，并且让学生能够理解。翻转课堂改变了传统教师主讲为主的教学方式，这种教学方式既可以引导学生主动学习体育相关知识，又可以在一定程度上使学生成为学习的主体。

针对教师个人来说，在体育教学过程当中，其应当明确自己的教学任务，不能为了减轻自身任务量而不对学生进行专业指导。教育观念的先进与否与教师的专业素质相互联系、相互作用，只有教师拥有先进的教育理念和态度，才能更好地引导学生进行体育课程的学习。为了端正学生体育学习的态度，教师应当明确体育教学的任务，并且充分让学生意识到体育对人体的重要性，对于身体素质稍差的学生而言，教师应当给予其更多的关心，并且鼓励学生利用课余时间进行体育锻炼，不断增强自身免疫力。教师是知识的传授者，所以教师的授课方式能够影响学生对体育学习的兴趣，而大多数的学生都不喜欢死气沉沉的课堂教学氛围，所以教师应当适当地活跃教学气氛，增加有趣的课堂教学内容，生动直观地展示体育教学的魅力，让学生感受到体育学习不仅能够增强自身体质，而且还能够带来挥洒汗水的快乐。

（三）利用网络平台，丰富体育教学资源

如今，网络资源遍地开花，教师不再担心教学资源的来源，但是如何选择优质的教学资源分享给学生就成为一大教学任务。与过去相比，现在学生的体育课丰富多彩，教师为学生提供充足的体育器材，如羽毛球、乒乓球、篮球、跳绳等，并且教师会引导学生在体育运动之前做热

身，但是这并不能避免学生对体育课程提不起兴趣的情况。展开来说，学生可能并不能直观感受到运动所带来的快乐，或者自身并没有很好地掌握体育技能。所以从这方面来考虑，教师在上体育课时，应当教会学生如何正确使用运动器材并且避免自身不受到运动伤害，合理调控自己的身体状态。而如今，教师完全可以利用网络资源，更加全面和直观地帮助学生了解体育相关知识。在体育教学课程内容安排上，可以分为室外实践和室内观看体育视频等，合理地安排体育教学的内容，翻转课堂的这种课堂模式可以锻炼学生敢于上台表达自己观点的能力，克服胆小和害怕心理。

体育教学资源日趋丰富，网络平台为教师提供了充足的教学视频和教学指导。在体育教学之前，教师要树立创新体育教学的意识，除了要培养学生对体育的热爱之情，更要教会学生掌握正确的运动方式和及时的保护措施。教师可以利用网络上正反面运动教材，让他们了解什么是正确的运动方式，给学生树立一个良好运动的榜样。在将翻转课堂引入体育教学过程当中，教师可以合理地制订教学方案，比如在课前导入一部分，可以让学生观看如何避免在运动过程中受伤等相关的视频，然后在教学过程当中，教师通过直观的动手操作来给学生展示如何进行心肺复苏以及一些急救措施等，在课后，要求学生对体育课堂所教授的内容进行及时巩固和复习，鼓励学生养成一个经常运动的好习惯。

（四）注意翻转课堂中体育教学安全防护

体育课程往往离不开学生的身体运动，在课堂中学生的身体往往会超过负荷，从而导致意外。尤其是在翻转课堂模式下的体育教学，以学生自主学习探究为主，教师起到辅助和从旁引导的作用，在这样的学习模式中，已经改变了教师讲解示范、学生机械性模仿的教学方式了。所以，在学生的安全问题上，教师更要引起注意，引导学生在探究学习的过程中注意安全防护，要充分发挥教师的引导作用，在教学的过程中注意提醒学生们规避各种可能导致危险发生的行为，在学生中强调安全防护的重要性，避免意外的发生。

（五）实时调整教学方案

在教学的过程中，由于教学模式的改革，体育教师也应该及时地调整自己的教学方案，进行教学的学期规划，让学生们养成良好的体育锻炼习惯，更好地促进学生的主观能动性。不仅如此，教师在教学的过程中也要多总结多反思，更好地完善教学方案，帮助学生解决学习中的一些问题，提高学生学习的积极性。比如，教师可以让学生在自我练习过程中将所遇困难通过智能设备进行实时反馈，再对其进行总结分类，并在课堂上进行统一解决。由此，实现师生高效互动、提升体育教学的质量。

（六）增加实践教学，为翻转课堂模式提供更多帮助

体育教学的实践性很强，学生必须反复训练才能掌握相关体育技巧，并提升实践能力与创新能力。因此，通过翻转课堂模式，学生可以在线上自行学习体育相关技巧，并在课堂中进行实践。教师可以对学生的实践情况进行指导，调整学生错误的锻炼方式，这样不但能提升学生实践能力，也能增加学生综合技能，为学生学习与成长提供更多可能。而且翻转课堂教学模式的出现，也使体育课堂实践时间更多，使教学时间可以全部作为实践时间使用，这样更有利于学生成长和进步。

第二节　微课教学模式

一、相关概念的界定

（一）微课

微课是一种以传播音频、视频信息为主的线上教学形式。随着信息技术的不断发展，互联网逐渐成为人们日常生活中的重要组成部分，人们对生活方式、学习方式、工作方式也相应地进行了调整。在互联网的影响下，一种新的教学方式——微课应运而生。微课作为一种线上教学形式，能够极大满足学生的自主学习需求，并且学生长期坚持通过微课进行学习，有利于培养终身学习的观念。在互联网时代，学生对网络信息的接收能力较强，他们可以通过网络平台浏览丰富的内容，学习到书本上没有的知识，而微课融合了网络平台的信息和书本中的知识，不仅

有利于加深学生对知识的理解，还能够拓展学生的知识面，使学生的学习形式多元化，最大限度地满足学生的学习需求。微课属于一种微型学习形式，奥地利因斯布鲁克大学 Theo Hug 博士认为，微型学习是一种聚焦时间较短的学习活动，这种观念为移动端微型课程教学的产生提供了理论基础。从目前来看，微课主要有容量小、知识量大、表现形式丰富、传播快等特征，它不仅能够适应现阶段人们的快节奏生活，还能够改变人们的学习方式，最大限度地满足人们的学习需求，在人们学习生活中的作用越来越显著。

（二）微课教学

微课教学是教师通过微课平台来表现教学内容，从而开展教学活动的教学方式。对于教师而言，在设计微课教学视频的过程中应当考虑到课程的安排、课程的设计思路和学生的接收能力等因素。教师在设计微课教学的教学内容时，不一定要完全按照固有的知识体系来设计教学内容，也可以通过零散知识的组合来设计教学内容，从而使学生感受到微课教学与传统课堂教学之间的差异。值得注意的是，微课教学并不是简单地还原课堂教学，而是对某一部分的重点知识、难点知识进行重点讲解，使学生能够回顾所学知识，解决学习过程中存在的问题。与传统课堂教学相比，微课教学内容更为精练，针对性更强，教师能够针对教学过程中存在的重点知识和难点知识进行讲解。与此同时，微课教学的表现形式也更加丰富，教师在设计微课教学内容时能够根据学科的性质做出不同的调整，以满足学生的学习需求。

（三）微课教学设计

微课教学设计指的是教师根据学科性质、教学风格、学生需求等设计微课教学内容的过程。在微课教学设计中，教师应先考虑3个基本要求，即知识与能力要求、过程与方法要求、情感态度与价值观要求，然后根据这3个方面的要求对微课教学中的视频内容进行设计与制作，从而使学生更好地明确学习内容，提高自身对知识的理解与运用能力。与此同时，教师也可以将这种教学设计方法运用于传统的课堂教学设计过程之中，引导学生利用视频资料来巩固自身的知识，这样不仅能够改善传统课堂教学的教学氛围，还能够提高学生的学习积极性，从而积极主动地参与教学过程。微课具有内容精练、容量小、时间短的特点，因此，学生主要通过移动终端来观看微课视频，他们不仅可以通过接入网络在线观看微课视频，也可以下载微课视频，离线观看。随着4G网络的普及和5G网络的发展，人们基本上可以随时随地观看微课视频，这样不仅有助于人们充分利用自身时间来进行学习，还有助于培养人们终身学习的习惯。微课教学视频不仅仅有助于提高学生的学习能力，还有助于提高教育工作者的教学能力，如教育工作者可以通过观看微课教学视频，来改善自身在教学过程中存在的不足和借鉴其他优秀教师的教学经验，并将这些优秀经验运用于具体的教学过程之中。

二、高职体育微课教学的设计构建

（一）高职体育微课教学设计目标

高职体育微课教学的设计与其他课程微课教学的设计相比，相同之处具体表现为高职体育微课教学和其他课程微课教学的教学过程基本保持一致，即先确定教学纲领，再制订教学规划并实施，最后进行教学反思。不同之处具体表现为高职体育微课教学重在具体动作的指导，而其他课程微课教学重在理论知识的讲解。当学生在观看高职体育微课教学视频时，他们可以通过回看和循环的方式来不断重复动作学习，从而满足自身的学习需求。

其一，在设计高职体育微课教学内容的过程中，教师应按照以下目标来进行教学设计：在微课教学中表现传统体育课程的常规内容。大多数情况下，微课教学的内容都是传统课程教学过程中的难点内容和重点内容，但高职体育课程较为特殊，每一个基础动作都关系到下一个动作的开展。其二，教师应充分考虑自身实际情况来设计教学内容。通常其他学科教师在设计微课教学内容时会参考其他学校教师的教学内容，体育教学则不同，教师的教学能力、学生的身体素质水平、学校的教学环境等因素都会影响教学活动的开展，因此，体育教师必须要充分考虑自身情况来设计教学内容。其三，教师应以学生需求为主来设计教学内容。学生对体育运动的兴趣会直接影响体育教学活动的开展，因此，体育教师必须要重视学生的需求，从而通过微课教学调动学生的学习积极性，提高体育教学的教学效率。

在高职体育微课设计之前，教师应先明确高职体育学科的科目定位，然后调查和研究学校的体育设施情况和体育课程设计要求。如果高职体育微课的内容与学校的实际情况不匹配，微课将无法运用于具体的教学实践，那么微课的教学设计也毫无意义。除此之外，教师还要重视培养学生对体育运动的兴趣，使学生能够通过观看高质量的高职体育微课视频意识到体育运动的重要性，从而加强自身的体育运动锻炼，进一步形成终身体育的观念。

在制作高职体育微课视频的过程中，教师要选择最符合时代要求和学生需求的内容。一方面，教师要深入学生内部，了解当代大学生对体育运动的重视程度和他们对高职体育课程的需求，从而保证高职体育微课的内容能够最大限度地吸引学生的注意力。另一方面，教师要保证高职体育微课的质量，不能盲目迎合学生的需求，要建立系统的高职体育微课教学体系，使学生能够循序渐进地进行高职体育微课的学习。另外，高职体育教师应当实时地更新微课视频的内容，使高职体育微课视频能够与时俱进，与学生的身心发展变化保持同步，从而更好地作用于体育教学活动。

（二）高职体育微课教学的内容

1. 高职体育微课教学内容分类

高职体育课程是一项以体育运动实践为主的课程，而学生主要通过教师的示范来学习相应的体育动作，这就意味着体育教师必须要保证自身体育动作的专业性，从而使学生也能够学到专业的动作。但是，对于大多数高职体育教师而言，要掌握所有的体育技能和知识具有一定的难度，因此在传统课堂教学的情况下，学生最多只能学习本校体育教师所掌握的体育技能和知识。随着微课的兴起，学生能够通过微课平台学到更多的体育技能和知识，并且没有课程时间和课程地点的限制，这极大地满足了学生学习体育课程的需求。

（1）微课学习目标指的是教师在高职体育微课教学中要实现的目标。在微课学习目标的制定过程中，教师首先要明确高职体育教学过程中的重点、难点和学生对高职体育教学的需求，因此教师必须要加强与学生之间的沟通，了解学生对体育运动的要求，明确高职体育微课教学的设计方向。

（2）微课的主要内容指的是教师在设计高职体育微课过程中所选择的内容。

（3）学习内容的分析指的是教师通过对传统体育教学的研究来明确高职体育微课教学重点和难点的过程。高职体育微课的内容是对传统体育教学中某一内容的具体化，虽然微课中的各个内容都是独立的，但这些内容之间具有密切的联系。

（4）学习者的分析指的是教师在设计高职体育微课的过程中对学生情况的分析，其中包括学生的身体素质水平、学生对体育技能与知识的掌握程度等的分析。

（5）选择教学策略指的是教师在设计高职体育微课的过程中综合考虑自身的教学能力、学生的学习能力、学校的体育设施等因素所做教学策略方面的选择。这样做能够极大地满足学生的学习需求，并相应地提高教师的教学效率。

（6）选择设计的方式指的是教师在设计高职体育微课的过程中根据自身的教学能力和学生的接受能力所做的选择。

（7）评价反馈设计指的是在开展高职体育微课教学之后，教师对于教学目标的实现情况所做的设计。学生可以在观看高职体育微课视频之后表达自身的观点，使教师能够明确自身在教学方面的不足，并促使教师对高职体育微课教学内容进行调整，从而更好地进行下一步的教学工作。

2. 微视频内容选择

教师在选择高职体育教学微课视频内容的过程中应遵守以下3点要求。其一，在高职体育教学知识的基础上，教师选择学生最喜闻乐见的内容，并对这些内容进行整合；其二，教师根据学生的意见对所选择的内容进行筛选；其三，对筛选后的内容再进行挑选，以确保能够用于正式的教学活动。从中我们可以看出，高职体育微课教学中的内容并不是教师随意选择的，而是经过了层层筛选，因此高职体育微课教学的内容通常具有较高的质量和较丰富的内容。

3. 按照课堂教学环节分类

一般认为，同一个微课视频只能划入一种类型之中，但实际上某些特殊的微课视频可以同时属于多种类型。因为微课视频的分类并不仅仅是根据学科的属性来进行分类，还可以根据学科的重要性、难易程度等其他标准来进行分类。随着互联网内容的丰富多样化，微课的学科类型也变得更加丰富，因此我们应该以全新的视角来看待微课的分类。

（1）在课前复习类微课中，学生通过观看视频内容来明确主要的学习内容、主要的资料搜集以及主要关注的问题。

（2）在课中讨论类微课中，教师通过视频教学对学生进行指导，学生通过观看视频内容进行思考并提出自己的疑惑，然后在评论区进行讨论。

（3）在课后巩固类微课中，教师通过视频教学对重点技术动作问题进行深层次讲解，学生通过观看视频内容巩固自身知识体系。

（4）在知识理解类微课中，学生通过观看视频内容解决自身的疑惑，从而有针对性地进行动作与技能的练习，进一步加深自身对动作与技能的理解。

（三）体育微课教学方法

微课主要针对传统课程教学过程中某一重点、难点进行具体化的教学。因此，体育微课教学方法指的是教师在微课教学过程中集中精力对体育课程中的某一动作或技能进行教学。在微课教学过程中，教师可以通过音频、视频的形式来向学生展示教学内容，整个教学过程持续 5~10 分钟，教学内容精炼且细致。虽然微课与网络教学都是线上教学形式，但是微课具有交互能力强、应用广泛、内容细致等多种优势，因此它广受好评，并成为目前最流行的线上教学形式之一。在体育微课教学过程中，教师通过视频教学的方式展现某一重要动作和技能，使学生可以充分利用零散的时间来学习这一重要动作和技能。

开展微课教学的目的在于提高学生自身的学习能力，因此学生的需求才是推动微课教学活动的主要动力。在设计微课教学内容之前，教师应当做好学生学情的分析与研究工作，并充分考虑自身的教学能力、学生的接受能力等因素。除此之外，选择合适微课拍摄设备也是影响微课教学效果的重要因素，还要根据不同学科的属性和不同教学对象来选择微课教学内容的表现形式。

（四）高职体育微课教学设计原则

1. 适时分解原则

微课之所以受到大多数人的喜爱，其中一个很重要的原因就是人们可以在不受时间、地点约束的情况下进行碎片化学习。因此，教师应当保证微课教学内容的精炼而不是简单地舍弃教学内容，使人们在较短的时间学到丰富的内容。在具体制作过程中，教师应当充分考虑体育课程的知识、教学方法、微课的表现方法等因素，有意识地对高职体育微课的一些内容进行拆分。

2. 聚集性原则

在通常情况下，我们在较短的时间内难以掌握大量的知识，但是我们可以通过集中时间，提高时间的使用效率，掌握重点知识。因此，在微课教学内容的设计过程中，教师应当对课程的重点、难点和其他部分进行分析与研究，从而使人们在较短的时间内集中学习重点和难点知识。在制作高职体育微课时，教师应加大对运动动作与技巧方面的拆分，详细地对难点动作进行讲解和对特殊的动作技巧进行分析等，使学生能够有针对性地进行练习，提高自身对重要动作技巧和困难动作技巧的熟练程度。

3. 简洁性原则

一个微课视频的持续时间为 5～10 分钟，这与正常人的注意力集中时间保持一致，因此人们往往能够在这段时间集中精力进行学习，并利用其他时间对已学内容进行理解与巩固，从而更好地运用于具体的实践活动。因此，在设计微课教学内容的过程中，教师应当在较短的时间向人们展现微课的重点内容，并保证微课的质量。对于当代大学生而言，他们对新生事物的接受能力较强，并且已经具备了一定的体育运动技能，因此他们能够在较短的时间里适应微课内容。另外，他们还可以根据自身的需求来寻找最适合自身学习的微课，从而有针对性地提高自己对某个动作的熟练程度。

4. 微课设计特色突出

随着互联网的普及程度越来越高，人们对微课的重视程度越来越高，因此吸引了大量的教师加入微课的设计队伍之中，各种高质量、高水准的微课层出不穷。在这种情况下，如何设计出富有个性且高质量的微课是每个微课设计教师主要考虑的问题。因此在微课的设计过程中，教师应当充分发挥自身的优势和本校课程的特色，并相应地结合学生的实际需求，设计出最符合本校学生需求的高质量微课。

三、微课设计的价值

（一）突出学生在课堂学习中的主体地位

教师能够通过微课制作课前教学视频，进行课堂教学互动、课后教学评价等，时刻突出学生在课堂学习的主体地位，坚持以学生学习为中心，使得微课在高职体育教学中实现有效推广与应用，还能激发学生对于体育学习的兴趣。微课具有设计时间较短的特征，而且通过调查得知，学生更容易被短时间的教学视频所吸引，有助于强化学习效果。同时，教师在安排上课环节的过程中，往往坚持以学生为主体的原则，为学生展示课前教学视频和预习课件，然后采用学生分组讨论和小组合作的形式，发挥学生在课堂上的主观能动性，给予学生更多自主学习和发挥自己潜力的机会。此外，教师可以通过微课设置学生课前预习、课后复习的环节，这对帮助学生整理课前课堂知识和巩固课后所学内容产生深远意义，极大地优化传统体育课堂的教学设置。

（二）推动高职体育信息化教学的发展

当前，社会正处于科学技术快速发展的阶段，加强体育教学改革与设计工作，是顺应时代要求的必然趋势。在网络技术飞速发展的背景下，学生的知识获取途径变得更加多样化，学生对知识的获取来源不再局限于以往的课堂和高职，而是通过丰富多样的网络教学资源和开放、智能的教学软件，获取与课堂教学有关的学习内容，这种方式打破传统教师一言堂的局限性，可以实现学生的多样化学习目标。在应用微课教学模式的过程中，教师能够真正做到教学创新，可以采用这种基于微课的信息化教学形式，迎合和满足学生学习需求，突出时代发展特征，为教学改革工作提供有益的方法和探索渠道。实践证明，在高职体育教学中应用微课，能够调动学生的学习积极性，强化学生考试成绩，还能让高职体育教师工作满意度提升，不断减轻高职体育教师在教学中的工作量和压力，给予学生更好的引导和帮助。

（三）为学生提供丰富多样的教学资源以及实现资源优势的整合

微课作为传统教学与信息化教学良好结合的育人形式，根据互联网技术，为学生开放网络开放课程，还能通过引入国内外名师授课内容，激发学生的学习兴趣。同时，教师也可以通过搜索优秀运动员比赛视频、自己录制视频的形式，加强体育教学资源的合理整合，丰富学生在课堂学习的内容。此外，教师还可以将制作好的微课教学视频，在课前发送给学生，让学生在课前通过网络自主预习并巩固课上所学知识，使学生能够随时随地了解体育课堂教学资源和丰富的学习内容，让学生的学习不再受到场地和时间的限制。

（四）推动高职体育教学评价工作的全面和多样化发展

应用微课教学模式，可以转变传统的教学评价方式，传统教学评价方式主要针对学生的出勤率、成绩考核情况等，考核方式容易流于形式和表面。在微课教学中，学生的教学评价可以分为课前、课中以及课后3个阶段，教师采用考勤、习题、运动技能学习考核指标有机结合的方式，尽可能地从多维度了解学生运动参与、运动技能、身心健康的实际评价结果，这样也能让体育教学和评价指标更多样、更全面，从而提升评价的真实性和可信度。

四、高职体育微课教学设计

（一）高职体育微课教学设计框架

1. 高职体育微课教学设计目标的制定

在高职体育微课的教学设计中，教师要对高职体育微课的教学大纲、教学计划等方面的内容进行深入分析，进一步明确高职体育微课的主要内容。在此过程中，教师还要对高职体育微课的教学目标和教学内容不断进行论证，以便于保证高职体育微课教学活动的顺利进行。

对于教师而言，他们应该先明确学生的学习习惯，然后有针对性地设计教学内容，调动学生的学习积极性，从而积极主动投入高职体育微课教学活动之中。与此同时，教育工作者还要培养学生独立思考的能力，通过对所学知识进行思考，从而将知识运用到具体实践活动之中，将高职体育微课的教学内容运用于高职体育教学活动之中。另外，教师在选择教学内容的过程中应严格遵循由易到难的原则，使学生能够明确高职体育微课教学过程中的重点和难点，并将其中的难点进行拆分，加快学生对高职体育微课教学内容的理解。

在高职体育微课教学的设计过程中，教师应注意以下4点。

（1）坚持以学生为本的教学设计原则。学生是高职体育微课教学活动的主体，因此教师应明确学生的实际需求，并根据学生的需求来对教学内容进行调整，从而制作出符合学生实际需求的微课，促进学生掌握微课教学的内容。

（2）教师应为学生提供一些书本上没有的知识，使学生能够通过高职体育微课教学活动掌握更多的知识，从而更好地完善自身的体育知识体系。

（3）教师应通过高职体育微课教学来提高学生的学习兴趣。对于大多数学生而言，兴趣才是激发他们学习积极性的重要动力。教师应当充分利用学生对体育运动的兴趣，使他们能够积极主动地参与到体育课程之中，这样才能更好地帮助学生形成终身体育的观念。

（4）教师应充分尊重学生的建议，并将其融入高职体育微课教学设计之中，从而提高学生在体育课程教学中的参与度。在设计高职体育微课教学内容时，教师应当为学生提供一个表达观点的平台，使学生能够充分发挥自身的主观能动性，自主地选择学习内容和学习方法，从而培养自身的创新创造能力，并提高学习效率。

2. 微课教学设计中学生的配备

受家庭、社会等环境的影响，每个学生的学习能力和接受能力都存在一定的差异，这就要求教师在微课教学的设计过程中充分考虑不同学生的接受能力。另外，为了保证微课教学视频的质量，教师应当加大对高难度技术动作的讲解，从而使学生能够有针对性地选择重难点进行学习。这同时也意味着在制作微课教学视频的过程中，教师应当选择具有一定专业基础的学生作为教学对象，营造较好的教学氛围，从而为以后的学习者提供更好的学习体验。

3. 微课教学设计中教学方法的运用

与传统课程教学相比，微课教学具有时间短和教学内容精炼等特点，因此，教育工作者应选择更适合微课教学的教学方法，重点突出微课教学过程中的重点和难点内容。例如，在高职篮球的教学过程中，投篮、传球、挡拆等动作具有一定的复杂性，教师应对这些动作进行相应的课程设计，以保证微课教学内容能够满足学生的个性化需求。

4. 微课教学设计的原则

高职体育微课教学设计应当遵循适时分解原则、聚焦性原则和简洁原则以突出课程内容的特点。微课最主要的特点就是"微"，为了保证学生可以充分利用自己的闲余时间来观看微课教学视频，教师在设计微课教学视频的过程中应考虑教学视频的内容不宜过多，同时也要考虑微课的完整性。因此，教师应当从微课教学的整体性出发，对教学内容进行分解，使学生能够直观地感受到微课教学内容的重点和难点。

从目前来看，高职体育微课教学视频的形式主要包括3种，分别是以现场录制为主的实拍式微课形式，以屏幕录制为主的录播式微课形式，以 Flash、PPT 为主的微课形式。其中，以现场录制为主的实拍式微课形式指的是摄影师分别对教师、学生以及教学现场进行拍摄，然后再对拍摄视频进行后期处理的微课视频形式。实拍式微课一般分为有现场互动的实拍微课视频和没有现场互动的实拍微课视频。对于学生而言，有现场互动的实拍微课视频更能够吸引他们的注意力，从而提高他们的学习效率；而没有现场互动的实拍微课视频的重点在于教师的个人讲解，视频内容较为单调。以屏幕录制为主的录播式微课形式指的是教师通过视频向学生讲解教学内容，然后再用屏幕录制软件将这段教学视频录制下来，这种视频的制作方式较为简单。对于大多数教师而言，他们可以通过屏幕录制软件将自身的教学过程录制下来，上传到微课比赛网站上，与来自各个地方的教师同台竞争。以 Flash、PPT 为主的微课形式指的是教师将幻灯片和 Flash 动画转化为媒体影像，从而以微课视频的形式展现在人们面前，这种视频形式对教师的幻灯片制作水平和动画制作的技术要求较高。

（二）高职体育微课教学设计环节

在高职体育微课教学的设计过程中，教育工作者应明确微课教学设计的内容和自身的技术水平，做好高职体育微课教学的设计工作。首先，在选取知识的过程中，教师应当明确知识的难易程度，讲解内容先从简单的知识出发，再逐步向复杂的知识发展，以便于学生能够逐步地接受知识、掌握知识。其次，教师要以学生作为微课设计的中心，教师所选的教学内容应满足学生的学习需求，从而通过微课来调动学生的学习积极性。再次，教师应当充分了解学生的兴趣，通过培养兴趣的方式来引导学生主动地学习。对于大多数学生而言，兴趣是推动自身学习的重要动力，它能够充分发挥学生的主观能动性，进一步使学生将体育运动作为学习生活的一部分。最后，教师在微课的设计过程中应当以增强学生的自主学习能力为主要目的，不仅要提高学生的学习能力，还要鼓励学生主动思考。

（三）高职体育微课教学的制作

1. 设备的准备

在制作高职体育微课教学视频的过程中，教师应当以课程性质为标准来选择拍摄设备。在传统高职体育课程中，教师一般重视实践课，而高职体育微课教学不同，不仅重视实践课的教学内容，还重视理论课的教学内容。在理论课教学过程中，主要以教师作为拍摄场景，拍摄者主要拍摄教师对高职体育内容的讲解和学生的听课情况，因此拍摄者至少要准备一台摄影机，大部分时间将镜头朝向教师，偶尔将镜头转向学生。实践课教学过程的拍摄要以专业的摄影棚或专业的体育场馆作为拍摄场地，拍摄者不仅要拍摄教师的教学动作，还要拍摄学生对动作的掌握情况，因此拍摄者至少要准备两台摄影机，这样才能保证学生的动作和教师的动作都能够被摄影机所记录。另外，为了保证微课教学视频的质量，拍摄者应当选择较专业的拍摄设备。

2. 场地的选择

对于高职体育微课教学视频而言，场地的选择是影响整体教学效果的重要因素，教师应当通过选择合适的教学场地来营造较好的教学氛围。

在录制高职体育教学视频的过程中，教师和学生都应该处于真实的教学环境之中，这样才能引起视频学习者的共鸣，因此，高职体育微课视频的拍摄应当选择真实的课堂环境。与此同时，教师和学生都应当以最真实的状态来对待微课视频拍摄，这样才能真实地再现课堂教学场景，展现真实的教学过程，从而达到理想的目标。

3. 摄像机位的架设

在拍摄微课教学视频时，拍摄者应把握摄像机位的架设，使摄像机与教师、学生之间保持一定的空间距离。一般情况下，在摄像机位的架设过程中拍摄者应考虑以下3个方面的因素，分别是摄像机的方位、摄像机的高度和摄像机的距离，通过合理地调整摄像机的角度、高度和距离，能够更好地表现教师与学生的状态，从而为视频学习者提供较好的视觉体验。在高职体育微课教学视频的拍摄过程中，拍摄者应当至少准备3台摄像机，一台摄像机用于拍摄教师的教学动作细节，一台摄像机用于拍摄学生的反应和模仿教师动作的细节，另外一台摄像机则用来拍摄全景，即教师教学和学生学习的整体画面。为了保证整个拍摄画面的效果，拍摄者应当实时关注拍摄画面，及时做出调整。

4. 现场的协调

从整体上来看，现场的协调对于拍摄高职体育微课教学视频具有重要的影响。因此，在拍摄高职体育微课教学的过程中，学生应当积极地配合教师，教师应当尽量满足学生的需求，从而达到各方面的协调，进一步保障微课的整体效果。

5. 素材的录制

由于高职体育课程的内容存在一定的差异，因此在录制素材之前应当先明确教师的教学内容。在录制教学素材的过程中，拍摄者应当明确两点，分别是视频素材的格式和拍摄要求。有通常情况下，常见的视频格式有MP4和WMV两种类型，不同的视频格式需要借助不同的播放媒介才能正常播放。在拍摄视频素材时，拍摄者要严格按照要求来摆放摄像机，并对教学中的重点和难点进行捕捉，从而使视频学习者能够在观看过程中明确教学的重点和难点。在摄像机位的选择方面，拍摄者一般会使用3台摄像机进行拍摄，即一台摄像机位于教学场地的角落，用于拍摄学生；一台摄像机位于教学场地的前方，用于拍摄教师的动作；还有一台摄像机位于教学场地的后方，用于拍摄全景，只有这样才能保证视频素材的完整性。

6. 后期的编辑

一般来说，在微课教学视频拍摄结束后，拍摄者要对视频内容进行后期处理，即对视频的内容进行整理，对多余的部分做删减处理。在进行微课教学视频的编辑工作时，教师应先选择合适的视频编辑软件，虽然市面上有较多的视频编辑软件，但这些软件不一定适用于不同拍摄形式下的微课视频。例如，以现场录制为主的实拍式微课视频和以屏幕录制为主的录播式微课视频虽然都是微课视频，但其画面质量存在较大的差距，并且视频制式也不同。在现场录制为主的实拍式微课视频中，如果拍摄者选用了专业摄像设备，那么其画面帧数可达到每秒 30 帧其至更高，而在屏幕录制为主的录播式微课视频中，其画面帧数通常为每秒 5帧，远低于实拍式微课视频。因此，针对不同拍摄情况下的微课视频，我们应当选择不同的视频处理软件，如视频制作软件 PremiereCC。

7. 成品的输出

在微课教学视频的后期处理过程中，教师通过视频制作软件再次接触微课教学视频，并更加明确教学的重点和难点，或者通过调整视频的内容来促进教学重点和难点的形成，这意味着教育工作者不仅是微课教学视频的设计者，也是微课教学视频的改良者。从微课教学视频的形成到微课教学视频的后期处理，再到视频流入市场，教育工作者的作用至关重要，同时也促进了教育工作者教学能力的提高。

8. 教学效果点评

随着互联网技术的不断发展和网络平台的不断拓展，微课对人们的影响越来越明显。微课教学视频具有容量小、内容精炼的特点，人们可以通过无线网络在线观看微课教学视频，学生可以不受时间和空间的限制而主动地进行学习。在传统的课程教学过程中，学生可以通过向教师提问的方式来提高自身的学习效率，而反馈机制也同样适用于微课教学。在网络平台上，学生与教师可以在线进行交流，使授课教师能够第一时间掌握学生的学习情况，了解学生在学习过程中存在的问题，并针对学生存在的问题及时调整教学方案，从而提高学生的学习效率，进一步提高学生的学习能力。

微课教学与传统课程教学之间也存在一定的相似之处，具体表现为教学引导方面。在微课教学视频的制作过程中，教师通常会先以引导性的话语作为开场白，以便于激发学生主动学习的积极性，再以最适合学生的方式来开展教学活动。值得注意的是，疏、引、通的教学观念对微课教学活动的开展具有重要意义。其中，"疏"指的是教师通过巧妙的语言拉近与学生之间的关系，使学生能够消除负面情绪，以积极学习的态度面对微课教学；"引"指的是通过正确的课程观念和合理的课程内容来引导学生学习；"通"指的是学生通过学习高职体育微课的内容来联系其他学科的内容，灵活地处理不同学科的知识。在高职体育微课教学过程中，教师应充分发挥自身的专业能力，为学生细致地讲解每一个具体的动作，用自身的专业素养和语言技巧来吸引学生的注意力，营造良好的教学氛围，从而使学生积极主动地参与课程教学过程。

五、提高高职体育微课教学设计的措施

（一）教育行政部门的重视

与传统高职体育课程教学不同，高职体育微课教学对时间、地点没有特定的要求，不仅可以用于课堂教学，也可以用于学生的自我教育，因此，高职体育微课教学在管理方面较为自由。针对高职体育微课的管理情况，我们应当制定明确的标准来对微课进行管理，对不符合学生需求的微课进行调整或删减，对于符合学生需求的微课进行整合归类，从而形成科学的、完整的微课教学体系。随着网络平台不断拓展，高职体育微课教学的内容也逐渐丰富，其优势也越来越明显，不仅有助于学生自主学习，还有助于学生补充传统高职体育课程以外的知识。从目前来看，我国大多数高职院校都已经开设体育微课，但这些高职体育微课的内容基本上只适用于自身的体育教学，这无疑不利于各个学校体育微课的交流。长此以往，将难以保证高职体育微课教学的质量，从而造成高职体育教学资源的浪费，更不利于学生的发展。为了改变这一现状，我们必须要从管理方面入手，各地的教育部门应当加强彼此之间的联系，

集合力量构建系统化、科学化的网络微课管理平台。与此同时，各地高职院校应当将高职的微课资源上传到指定的网络平台，并向各地高职学生开放，使得各地高职院校学生都能够享受高职体育微课教学资源。另外，为了进一步保障微课教学视频的质量，高职院校应严格按照要求对微课教学视频进行审核，要求上传者完善个人真实信息，以便于及时联系上传者和为上传者提供一定的服务。学校是教育和管理学生的重要场所，对微课教学的具体实施具有重要的影响。

为了更好地发挥微课教学的作用，学校应当为微课教学设立专门的管理部门，通过制定科学、合理的管理规定来加强高职微课教学工作。各地的教育部门应当加强彼此之间的联系，加强各个高职之间的联系，尤其是在高职体育微课教学方面的交流。与此同时，各地教育部门应当组建专门管理高职微课教学视频的网络平台，使得各高职能够共享微课教学资源，教师能够通过研究与分析其他高职优秀教师的教学视频来提高自身的教学水平，进一步提高微课教学的质量。对于学生普遍存在的问题和难点，各高职院校的教师应当加强讨论与分析，从而得出一个能够满足大多数学生需求的解决方案。这样做不仅有利于提高教师自身的教学水平，还有利于提高高职微课教学视频的质量。对于那些质量较高、口碑较好的微课视频，各高职教师应当积极学习其中的优秀教学经验，并将其运用于微课教学视频设计过程之中。

（二）激励高职院校教师参与微课教学积极性

微课对学生学习的积极影响是显而易见的。在互联网时代，微课的使用频率越来越高，微课与人们之间的联系也越来越密切，而如何吸引学习者的注意力和提高学生的学习能力，是目前高职微课教学视频制作者必须要重视的问题。对于大多数教师而言，他们不仅要进行传统的课程教学，还要花费一定的时间与精力来设计高职体育微课教学的内容，难免分身乏术，再加上学生对微课教学视频的需求越来越高，教师要不断搜寻更多的资料来设计微课教学内容，因此，教师在制作微课教学视频过程中面临着巨大压力。这就要求学校和政府应当给予一定的支持与帮助，不仅要适当地减轻教师的教学负担，还要为教师提供一定的教学资源，使得教师能够积极主动地参与高职微课教学过程。对于学生而言，他们通常会选择具有吸引力的微课教学视频，从而有针对性地进行自我教育，这就要求高职教育工作者在微课教学视频中投入更多的时间与精力。

（三）提高教师对微课的认识和微课制作能力

随着互联网的普及，大多数学生已经能够适应微课教学，但是一些习惯于传统课程教学的教师仍对微课的形式存在误解，他们一般认为微课就是将传统课程教学的过程记录下来并上传到网络平台，然而实际上并不是如此，微课并不是简单地录制课程，它还包括视频的制作、视频内容的安排、教师的讲解等多个方面的具体内容。对于新时代的高职院校教师而言，他们应当了解微课的形式和内容，并将自身的教学活动融入微课教学之中，从而顺应时代的发展。有些教师认为，微课只是一时地满足人们的新鲜感，它无法撼动传统课程教学的地位。这种观点无疑是片面的，虽然传统课程教学在短时间内无法被取代，但也不意味着微课对传统课程教学的地位没有影响，因为它是新时代的产物，代表着新的教育发展趋势。因此，学校和社会应当加大对微课教学的重视，投入更多的精力于微课教学之中，使更多的人能够正确认识微课，并参与微课教学。

除了要正确认识微课之外，教育工作者还要明确微课开发的目的。从目前来看，开发微课的目的在于方便教师进行微课教学活动，从而更好地提高学习者的学习能力。对于教师而言，如果不是以学生为中心来设计微课教学视频，而是出于功利目的来设计微课教学视频，那么微课教学就无法真正地体现教师的教学能力，从而无法真正地为学生服务。因此，教师在微课教学视频的设计过程中应当严格遵循教育原则，循序渐进地进行教学活动。与此同时，教师在设计微课教学视频的过程中，还可以借鉴其他优秀教师的教学经验，从而提高微课教学视频的质量，更好地提高学生的学习能力。

当前，体育技术教学模式大体上仍是传统教学模式，缺乏趣味以及个性化的学习模式。针对目前这种情况，教师应不断提高自身学科的专业能力，学校与地方教育局也应对教师采取相应的措施。教师应该以个性化学习为基础，不断地提升自身学科的专业素养，能够与科技更好地融合，一线教师在教学过程中有丰富的实践经验，在参与相关微课教学培训的同时，可以对自己的教学方法不断进行创新和改进，以符合时代的发展，也可以将其他优秀的教学模式和教学方法根据实际情况相互融合，大胆尝试，探索出更为科学的教学方法。对于学校与地方教育局，应统筹微课各方面的发展：一方面，应该定期安排教师进行专业知识以及微课制作能力的培训课程，为微课设计奠定理论与技术基础；另一方面，应保证微课的质量，对于微课应采取审核的方法，防止存在细节的错误，以及误导学生的现象产生。

（四）拓宽微课学习的渠道

大学生思维较为活跃，因此他们对新生事物的接受能力较强，尤其是对互联网相关的事物，他们普遍反感传统高职课程教学中的灌输式教学，而热衷于新的微课教学。因此，为了更好地促进大学生的身心发展，我们应当明确大学生的需求，通过拓宽微课学习的渠道来吸引学生的注意力，充分调动学生的学习积极性。

在微课教学中，教师要通过创设新的教学情境来激发学生对学习的兴趣，以诙谐幽默的语言来打动学生，使学生能够轻松地适应微课教学。在设计微课教学内容时，教师应充分考虑学生接受能力和自身的教学能力，着重对教学重点和难点进行讲解，用较短的时间来进行有效的教学活动，从而有针对性地解决学生在学习过程中存在的问题。

（五）完善高职体育微课教学设计的评价体系

教学评价是反映教师教学水平、教学效率的重要方式之一。因此，我们应当通过建立健全高职体育微课教学设计评价体系来促进高职体育微课教学的发展。在通常情况下，高职体育微课教学设计评价体系由两个部分组成，分别是学生对微课的评价和他人对微课的评价。对于教育工作者而言，要提高学生对微课的评价。首先要精心设计微课教学的内容，对教学内容中的重点和难点进行细化，使学生能够充分理解这些知识，并培养学生的自主学习能力；其次，要精心设计课堂练习和测试内容，针对学生的学习情况来做出不同程度的提示，促使每个学生都能够通过练习和测试来掌握知识，从而向更高层次发展；最后，教师要对学生的学习情况进行观察，发现学生在学习过程中存在的问题，并相应地提出解决方案，从而更好地为学生服务。与此同时，他人对微课的评价也是十分重要的。大多数情况下，不同学者、教师、专家对同一微课教学视频的看法有所不同，因此，高职院校应当针对不同人群来设置评价选项，并对这些评价进行整合分类。另外，教师还要收集不同学生、学者、教师对高职体育微课教学的建议，尤其是学习者的建议，并根据这些建议对微课教学内容进行调整，从而更好地满足学习者的需求。

第三节 混合式教学模式

一、混合式教学

混合式教学是在教师主导性与学生主体性原则前提下，有机整合网络与实体课堂的教学优势，从学习者和教学者双方面需求进行前期分析，基于教学目标、教学环境、教学资源、教学内容、教学时间、考核标准、教学评价7点教学设计进行混合，以提高教学效率为目的的一种教学模式，具有包容性与灵活性。

（一）混合式教学模式的优势

1. 学生学习方式更加灵活多变

在传统高职公共体育课程教学中，以校园为背景，教师教给学生动作，然后学生跟随教师学习。线上线下混合教学模式的应用让课堂限制被打破，学生有更加灵活的学习渠道。具体来说，体育学习不再是以校园、以课堂为背景的单一活动，它成为一种多变性活动，随时随地都可以发生。随着互联网技术在高职公共体育课程教学中的渗透，学生的学习方式、学习渠道等发生巨大变革，如出现了协作学习、社区学习、自主学习等多元化学习模式。高职学生逐渐通过电脑、手机等渠道去学习，这是必然的发展趋势，他们的学习方式更加灵活、多变，学习趣味性也因此得到提高，其学习积极性被调动，接受知识更加快速、便捷。

2. 教师教学方式更加民主高效

在传统高职公共体育课程教学中，学生和教师的关系比较单一，呈现出学与教的关系，教师采取的教学手段通常是填鸭式，拥有绝对的话语权，学生处在被动的位置。而线上线下混合教学模式的实施让知识的获取更加简单、容易，这让教师的知识话语权被削弱、瓦解。从某种程度上说，互联网技术的发展促使知识话语权平等化，学生的学习场所、平台也得到拓宽，由课堂延伸至网络，教师不再"垄断"知识传授。这样，师生关系也就会越来越趋向民主化、平等化。更重要的是，学生回归主体位置，这会反过来促进教师不断优化教学方式，有利于实现体育教学高效化。

3. 体育教学环境更加多元开放

在传统高职公共体育教学中，教师与学生面对面互动，处在同一个空间，整个教学过程都在学校这个单一的空间完成。而线上线下混合式教学模式的实施将这种传统教学模式打破，如新兴的微课程、在线学习平台等都给学生以及教师提供优质的服务，教学模式以及学习方式变得更加灵活、自由。由于互联网技术的发展，体育课程教学不再拘泥于密闭、单一的校园环境，而是一种融合了现实与虚拟、线上与线下的多元化教育。具体来说，高职体育教学手段更加多样化，通过网络平台，学生可以即时获得体育教学，学习各种各样的体育技巧。此外，随着互联网技术的发展，体育教学环境会更加开放，一方面，学习渠道被极大地拓宽，另一方面，教学资源得到最大化利用。

（二）体育混合式教学的价值

1. 破解传统体育教学模式的困境

在互联网+、智能化信息技术快速发展的今天，教师已不再是信息的唯一来源。传统的"以教师为中心""填鸭式""放羊式""安全式"等体育课堂教学模式，难以适应信息化时代的要求，也无力解决学分压缩、学时减少与对学生体育能力要求提高之间的矛盾，因此需要拓展课堂，拓宽渠道，借助信息技术促进体育教学的发展。

2. 避免单一线上学习模式的缺陷

20世纪90年代以来，在线学习在教育领域得到了迅速发展，但实践证明：在线学习缺乏学校的人文和学术氛围，学生难以直接感受到教师的言传身教和人格魅力，容易产生孤独感，对设备和环境的依赖较高等，不能替代传统的课堂教学。2014年，慕课（MOOC）风潮逐渐降温，人们更加回归理性，意识到单一在线学习模式的缺陷，逐步转向混合式教学模式。

3. 助推信息技术与体育教学深度融合的改革产物

一方面，在线学习具有自身优势，如教学资源丰富、学习不受时间地点限制，这些都是传统面授课堂无法比拟的。另一方面，传统面对面教学也有自身优势，如便于提供情感支持等。而混合式教学追求发挥二者各自优势，使二者优势相互补充，为学习者创建连贯、灵活、丰富的学习体验，以达到高效、高质的学习效果。国家诸多政策文件也提出了发展混合式教学的要求。国家强调通过教育信息化促进教育现代化，而教育信息化进程已从强调软、硬件基础设施建设的初始阶段进入强调应用尤其是教学过程中应用的深入发展阶段。混合式教学正是对信息技术的深入应用，是信息技术与课程深度融合的产物。

二、混合式教学设计

（一）线下教学设计

1. 学习资源设计

线上线下混合式教学模式的优势在于它建立在互联网技术之上，而互联网技术具有开放性，这是它最主要的优势。随着互联网技术在教育领域的广泛应用，越来越多教学资源在网络平台上实现了共享与完善，这为公共体育课程教学的开展提供了丰富的素材，尤其是慕课的出现，为教师开发课程资源提供更加广阔的渠道。在线上线下混合式教学背景下，教师应充分利用互联网技术开发对教学有益、有价值的教育资源，并且根据教学目标、学生实际情况做好筛选工作，以此丰富在线学习平台的内容以及表现形式，将学生的学习兴趣唤醒。

2. 学习任务设计

与传统的体育教学形式不同，线上线下混合式教学强调学生课前自主学习，而且这是一个非常重要的环节，直接影响整体教学质量。除了给学生提供丰富的学习资源，教师还要为学生设计学习任务，让他们在学习任务的驱动下自主学习。在设计学习任务时，教师应结合教学目标、教学大纲、学生认知特点等，将体育课程设计成很多个学习单元，遵循由易到难的原则设计学习任务，明确学生的学习目标。学习目标必须要做到细致化、具体化，教师将学习目标划分成不同难度级别，引导学生逐一完成，以此增强他们的自信心与成就感，驱使其主动、自觉地完成任务。

3. 学习平台设计

在线上线下混合式教学体系中，学习平台发挥重要作用，这是联系资源、学生和教师的渠道，教师需要借助学习平台发布学习资源与学习任务。与此同时，学习平台是教师与学生沟通的载体，是反馈问题的渠道，教师还可以用它监督学生学习情况，消除他们在学习中的孤单感。通过在线平台，学生可以与同学分享自己的学习心得与经验，一起探讨自主学习过程中遇到的问题，形成学习小组，同时可以与教师实时交流与沟通，而教师也可以通过在线平台与学生互动，鼓励他们，给予实时指导，从而保证教师指导的现场性与即时性。依据线上线下混合式教学模式特征，可以将学习平台设置成以下几个模块：QQ群中展示成果以及上传学习资料，教师通过微信进行在线答疑与指导。

（二）线下教学设计

1. 检测阶段，及时发现学生存在的问题

由于在课前阶段学生已经学习了相关知识，所以教师在课堂开始阶段先要检测学生学习情况，以便确定接下来的教学重点。通过检测，教师对学生课前学习的情况就能做到详细了解，而且能够发现他们存在的问题，尤其是薄弱环节。众所周知，体育学习从本质上来说就是学习运动技能，这可以通过运动员身体表征展现出来，要想提升他们的学习技巧，需要强化学生对各项体育动作的掌握。通过课前检测，教师可以直观地看到学生技能不到位的地方以及理解上的误区。

2. 释疑阶段，组织学生分析出现的问题

在线上学习过程中，大多数学生都是通过机械地模仿视频中动作来掌握运动技巧，并未真正理解每个动作背后的内涵，部分学生甚至存在理解错误。与此同时，线上沟通有局限性，这让很多学生在线学习并不理想。而线下教学在这方面有着不可比拟的优势，教师通过检测活动发现学生的问题，然后再将有着相同问题的学生分成一个小组，让学生展开分组讨论，与同组的成员合作、探讨，找到解决问题的方法与技巧，交还学生主动权，确保学生真正参与知识建构。

3. 实践阶段，促使学生理解并消化知识

在线下教学过程中，实践阶段是一个非常重要的阶段。从某种程度上说，线上教学的重心是体育理论教学，而线下教学的重心是体育实践教学。实践是检验真理的唯一标准，所以，在学生找到解决问题的方法后，教师应借助体育技术动作形式带领学生验证得到的结论，真正解决他们的问题与疑惑。与传统体育教学不同，线上线下混合教学模式打破了课堂上学生模仿、教师示范的局面，强调的是教师引导学生自主探究知识、解决问题。所以，实践阶段在线上线下混合教学中尤为重要，教师让学生去练习，通过实践活动验证讨论出来的答案。

4. 展示阶段，提高学生体育学习积极性

展示即反馈学习效果，教师要求学生以个体或团队为单位展示学习成果，然后再组织学生进行自我评价与生生互评。首先，就自我评价来说，这是学生阐述学习思路、方法和个人想法的过程，有助于教师深入了解学生的学习情况，在这个基础上发现他们的问题并给出有针对性的指导。其次，就生生互评来说，这可以促使学生互相借鉴，取长补短。教师让学生以个人或小组为单位互相评价，既要指出对方的不足，也要同时学习对方的优点与长处。综合学生的自评、互评结合，教师再针对学生的薄弱环节进行指导，帮助学生巩固与强化，促使他们构建完善的知识结构。除此之外，对于先进的个人或集体，教师还可以以视频的方式将他们的运动过程记录下来并上传至平台，这样既能丰富课程教学资源，又能发挥榜样的带头作用，营造浓郁的学习氛围，利用这些先进的个人或团体激发学生体育运动积极性，促进体育课程教学质量与效率的提升。

第四节　多媒体教学模式

一、多媒体技术与多媒体教学

（一）多媒体技术

多媒体（英译为 Multimedia，由 multiple 和 media 组合而成），是当今信息技术领域发展最快、最活跃的技术。关于媒体这一词条的含义，一方面包含例如半导体储存器、光盘、磁带与磁盘等储存信息的实体存在；另一方面也包含例如文字、声音、图形与数字等能够传递信息的虚拟载体。所以多媒体，一般可理解为多种单媒体（Monomedia）的综合。在高速发展的信息时代，新型的多媒体技术已经通过互联网平台传播数字数据的综合信息发布平台进行信息传播，它最显著的特征是可以将经过专业编辑与制作系统的加工的多媒体信息页面传播给每一台多媒体电子终端。多媒体技术自此开始告别单方面、传授式特征，转变为可以就多媒体设备进行互动的技术模式，这种新型技术将信息化的传播变得更为便捷与迅速，将信息的转换互动变为可以瞬间完成的模式。

所以，多媒体技术将计算机与视频技术结合，通俗意义上是指声音与图像的两个或更多媒体集合并连接起来，成为一个能够传递信息，具有交互性的综合系统。这项技术不同于以往单向传播信息的方式，能够综合运输、检索、加工、处理、存储、传播和显示不同类型信息，具有感官性、集成性、情境性等特征。在现代社会日益普及互联网信息技术的背景下，它被广泛地应用在教育、图书、咨询与服务、通信、医疗、金融、军事等各行各业，也更进一步地促进我国的科技发展。

（二）多媒体教学

随着计算机技术的发展与普及，多媒体计算机已经逐渐取代了以往的多种教学媒体的综合使用地位。因此，我们现在所说的多媒体教学是特指运用多媒体计算机并借助于预先制作的多媒体教学软件来开展的教学活动过程，它又可以称为计算机辅助教学（Computer Assisted Instruction，CAI）。关于多媒体教学概念的探讨从未停止，众说纷纭，其中比较有代表性的几种说法如下。

多媒体教学是指在教学过程中，根据教学目标与教学对象的特点，通过教学设计，合理选择和运用现代教学媒体，并与传统教学手段有机组合，共同参与教学全过程，以多种媒体信息作用于学生，形成合理的教学过程结构，使学生在最佳的学习条件下进行学习。

部分学者在定义多媒体教学时是将技术作为切入点，认为将文字、图片、动画、视频结合起来的多种媒体技术即多媒体教学。同时有相关研究人员认为："多媒体教学是指运用计算机对文本、图像、视频、动画和声音等多种媒体信息进行综合处理与控制，能实现人机相互式操作的一种信息技术。这种教学方式兼具集成、控制和交互性三大特征，能够将计算机与试听技术完美结合。"可见，多媒体凭借先进的技术特点在教学中发挥着重要的作用。有学者在强调教学效果的层面对多媒体教学进行定义。蔡丽艳在对多媒体教学进行定义时谈到，多媒体教学能够将单调的传统教学变得更加生动，达到轻松教学的氛围，这种视听化的教学技术在呈现教学内容时，能将教学环节变成激情饱满的情感陶冶过程。

综上所述，在21世纪信息化时代，关于多媒体教育教学方式的讨论有很多，存在许多不同的看法。作者结合文献资料，总结以下概述：多媒体教学是指在根据教学目标与不同教学对象的情况下，在教学过程中通过合理的教学设计观念，预先制作多媒体教学软件，将传统教学方式结合现代多媒体技术、设备的教学过程与方式。这种现代技术的产生与应用，在充分肯定了传统教学方式的前提下，运用自身便捷、高效、吸引眼球的特点进入教学过程，作用于学生及教师，以此达到最优的教学效果与最便捷的授课准备。20世纪末至今，随着社会逐步进入以计算机和互联网为中心的数字化时代，多媒体作为信息技术的应用与承载体，在传播与教育领域也起到了更新教学观念与方式的快速迭代作用。

多媒体教学将教学内容用多媒体载体与技术传授给学生，使教学模式与结构更加完善合理，达成教学任务与目标。在其过程中，除了需要摒弃传统教学方式的劣势，即盲目灌输的模式，还可以利用多媒体媒介与技术操作进行与教学参与方的互动与即时交流，并对教学效果的达成做出及时反馈。这种优胜于传统教学效果的模式已被各方教学参与者关注与广泛应用。

二、高职体育多媒体教学的制约因素

（一）内部环境因素

我国高职体育多媒体教学内部环境困境主要有以下几点。

1. 体育教师对多媒体教学的认知程度不够高

这种状况从本质上阻碍了体育教学中多媒体技术的实施。许多体育教师认为多媒体教学只是单纯地将多媒体技术与教学活动进行叠加，其实不然，体育多媒体教学重点是将多媒体技术与体育教学进行科学合理的结合，达到提升教学效果的目的。

2. 缺少教学经验

体育教师在利用多媒体技术进行体育教学时，相关的专业知识及经验比较缺乏。不仅如此，在高职的体育教师团队中，教师的年龄结构及素质方面都存在一定的差异，许多年龄高的体育教师对多媒体教学技术的掌握比较缓慢，这就对体育多媒体教学的顺利进行造成了一定影响。

3. 多媒体技术应用不合理

在高职体育多媒体教学的过程中，一旦信息技术不能够合理应用，会导致教学目标出现一定的偏差，过于花哨的技能及才能教学，会使学生扭曲了学习目标。另外传统的教学方法与教学模式会对学生自主学习产生一定的制约。

（二）外部环境因素

我国当前高职体育多媒体教学的外部环境因素主要体现在多媒体硬件设施的完善程度上，另外体育多媒体教学氛围也存在问题。由于许多高职对体育多媒体教学方面的关注度不足，所以多媒体设备及多媒体技术设施不够完善。体育教师主要沿用陈旧的教学设施与传统的教学方法，很难满足学生对身体素质的锻炼及对现代化体育知识的理解。体育场为主要体育教学场所，如果缺乏科学有效的体育考核体系，体育检测成绩就会缺乏说服力。除了硬件设施不够完善以外，多媒体教学软件问题也是制约多媒体教学的外部影响因素之一，教学软件是师生之间依托互联网络进行沟通交流的桥梁。如果不正确处理多媒体教学中的软硬件问题，将会对高职体育多媒体教学造成非常严重的后果。

（1）受到体育教学资源库的制约。根据调查，我国大多数高等院校的体育教学资源库仍在酝酿与规划的过程中。在互联网上，很难找到适合高职体育多媒体教学的多媒体资源库，稍有规模的资料库均需要付费进入，这样一来，给教师及学生带来了极大不便。

（2）受到信息技术培训的制约。体育多媒体教学无疑是以多媒体技术为基础的体育教学，当前对信息基础设施进行建设时，对多媒体建设的制约瓶颈一般体现在教师对信息技术的应用不熟练方面，在信息技术下，对教师的培训不足。目前，信息技术的改革已经逐渐深入课堂，所以将信息技术的培训与课堂教学相结合尤为重要。

三、高职体育教学应用多媒体的作用与路径

（一）多媒体技术在高职体育教学中的作用

一些高职受传统的教学观念影响，仅注重学生的专业课学习及社会适应力的提升，对体育课程教学往往不够重视，这让学生的身体素质和身心健康发展都受到一定的影响。传统的体育教学内容比较单一、枯燥，大多围绕基础技能和知识点进行，学生在上一阶段已经学习过的内容在新一阶段又反复学习，不但影响教学效率，也不利于提高学生学习的积极性。同时，教师和学生之间互动较少，大多是以教师教学为主导，对学生进行灌输式的教学，学生被动地接受指导，很难真正掌握体育技能，也无法发挥个人优势。此外，一些高职的体育教学也受场地限制，很多高职的室内场地不足，天气恶劣时就无法进行体育授课。

在"体育+多媒体"的教学模式下，学生获取体育知识的方式不再单一，可以采取多元化的学习方式学习更为全面的知识，如上网查阅资料等。教师可以通过直播的方式与学生进行互动。此外，教师也可以通过互联网将学习资料更加直观地展示给学生，有利于减轻教师备课的负担。同时，大部分的互联网资源都有利于学生对教学内容的理解，这有助于减少教师在课堂上的答疑时间，从而推动课堂整体效率的提升和教学质量的维持。

多媒体技术让体育学习有线上、线下不同的形式，学生能更容易地找到适宜的学习体育的方法，如可以通过互联网进行自我学习，或与教师、学生进行互动学习。在当下无线网络全方位普及的时代，学生的学习已不再受时间、地点的限制，这种教学方法也正在被越来越多的学生所接受。

1. 突破时间地点的限制

通过"互联网+多媒体"的体育教学模式进行教学时，学生的学习也可以由传统的体育课堂、室外运动场逐渐转向家庭课堂。传统的体育教学要严格按照学校所规定的时间来进行，会出现体育教师临时有事而导致课程时间被其他学科挤占的情况。此外，一些体育教师在指导学生进行体育运动时，在体育动作的讲解、演示及指导上花费了大量的时间，导致上课时间不够。

"互联网+多媒体"模式能方便教师布置课下任务，并让教师能通过线上指导的方式掌握学生的体育技能水平，对学生的错误动作及时纠正，从而提高了体育运动水平。在天气恶劣时，教师也能够通过互联网平台完成教学目标和学习任务。在"互联网+多媒体"的模式下，学生能逐渐养成自主学习体育的习惯，并培养了终身体育意识。对于教师来说，"互联网+多媒体"的体育教学模式的运用合理解决了体育课程受多方面制约的现状，有效加强了学生的体育学习。

2. 促进体育教学信息化完善

在"互联网+多媒体"模式的教学过程中，教师可以运用最简洁的方式对学生进行教学，例如通过网络资料更为精准地对学生的体育知识进行深入引导，并且在教学中运用大量的图片、视频、音频等，给课程增添趣味性，让学生对体育基础知识的了解不再只凭想象。在此过程中，学生也能更加具体地了解到体育的运动内涵。同时，随着线上教学环节的使用，学生的学习过程和出勤情况将由软件进行完整、真实的统计，包括课堂测验的分数等，这使得过程性考核能够真实反映学生在某一个阶段的学习效果。

3. 使体育教学更加平台化

现代化的互联网教学可根据平台的完善度带给学生不同的学习体验。

随着互联网模式的不断进步，其教学模式也更加多样化。现如今，平台的面板可以当作线下课堂的黑板，教师可以控制面板的形式进行知识讲解，大多数学生都可以通过教师的教学面板进行学习，更加具体、直观地了解体育知识。此外，教师在播放一些视频、图片时可以控制播放进度，也能够在图片或视频上添加知识要领和更加细节的数据，这促使了体育教学内容更加多元化，从真正意义上实现了日常体育教学，增添了学生对体育学习的兴趣。同时，学生在学习过程中也能通过线上的方式直接向教师反馈问题，增加了课堂的教学效率。

（二）高职体育多媒体教学改革的基本路径

1. 推动体育多媒体教学策略实施

随着计算机网络的不断发展，信息技术在高职教育教学中已经得到普遍应用，通过多媒体辅助教学能够使体育教学变得更加灵活，为体育教师个性化展示提供便利平台。推动体育多媒体教学策略实施的主要手段有以下两种。

（1）掌握多媒体教学内涵。教师需要充分掌握多媒体体育设施，深入了解学生的兴趣爱好，只有这样才能对体育教学的内容与难度进行掌握，从而提高课堂的多样性。要充分运用多媒体技术调动课堂氛围，将学生作为课堂的主体，适当地将自身与学生的角色与立场进行转换，更能够激发学生对学习的热情。

（2）加强师生交流。师生之间进行沟通与交流是体育多媒体教学效率提升的基本策略。体育教师需要对多媒体教学设定完整合理的教学计划与流程，这样学生可以明确老师的教学思路，有利于学生随着教师的思路进行学习，帮助师生之间进行良好沟通。另外，体育教师需要丰富多媒体教学语言，将比较抽象的体育教学语言简单化，便于学生理解，通过精练的语言对教学内容进行总结，避免学生出现阅读障碍。最后，教师需要对多媒体教学的相关问题进行精选，将教学内容与生活实践相结合，创建适当情境，对学生的思维进一步扩展，使学生对体育在生活中的价值进行深入分析。

2. 改善体育多媒体教学基础环境

体育多媒体教学基础环境的改革，首先，需要构建良好的教学氛围，密切关注多媒体教学的改革动向。高职院校要定期组织体育教师进行信息技术培训，在多媒体教学宣传的基础上，促进体育教师掌握多媒体教学技术。其次，高职院校需要构建科学合理的多媒体平台，加大多媒体建设的资金投入，完善多媒体教学设备。最后，体育教师需要在教学积累中逐渐形成多媒体教学意识，实现在教学中的角色转换，不断改善教学基础环境与教师教学思想，进一步推动体育多媒体教学的顺利开展。

3. 合理运用多媒体教学及微课教学

在多媒体教学的进程中，微课教学已经在各学科的多媒体教学中逐渐受到重视。微课教学主要是结合教学标准与教学实践，将视频作为主要的教学载体，围绕知识点进行教学与互动。在体育多媒体教学中，教师合理运用多媒体教学及微课教学，能够促进学生全面掌握体育技能与方法，使学生对知识点的理解更加直观。通过微课教学，教师能够提高学生学习的积极性，通过多种教学手段对教学内容进行展示，将教学中的重点、难点更加直观地展现在学生面前，提升学生求知欲望。另外，生动的教学情境可以引发学生的学习兴趣、提高教学质量。例如，在篮球教学中，会涉及传切、空切等战术问题，许多同学在初步学习时都会比较紧张，如果单纯地进行讲解，既花费大量时间，又不能达到预期的效果。如果通过微课进行教学，通过 NBA 篮球比赛游戏软件来制作微课教学课件，教师可以将游戏中的规则随意切换，通过模拟软件进行演示。这样一来，学生会竞相模仿，在实际的篮球比赛中做出相关的战术配合。

四、例谈多媒体在高职体育教学中的应用

（一）多媒体在太极拳教学中的应用

1. 多媒体课件在高职太极拳教学中的作用

（1）提升教学质量，缓解教学负担。多媒体课件的运用在有效提升太极拳教学质量的同时，减轻了教师的教学负担，充分提高课程教学效果与教学质量。学生在课下可以通过对微课及多媒体课件、视频、图片等资源的学习，进一步提升对太极拳动作的熟练度。教师也可以通过观看学生上传的视频作业，了解学生的学习进度与学习状态，在课堂教学期间集中讲解或演示学生易错的动作，进而更加精确地进行纠正与指点。

运用多媒体课件教学能够简化课程教学内容，精细化解析太极拳施展的重难点，确保学生能够充分熟悉并掌握太极拳的学习内容与施展动作。

（2）丰富教学内容，培养学习兴趣。高职多媒体教学系统具有较强的实用功能，其中强大的储存功能与信息检索功能，能够有效完善课程教学的全面性、简化课程教学流程、丰富课程教学理论与太极拳实践教学活动内容、提升学生的学习效率。教师可以结合原有的课程教学资料，完善多媒体课件教学设计，集中为学生展示太极拳理论知识，拓展学生的知识面。教师通过多媒体讲解太极拳的发展、拳理、动作内容、思想观念等理论知识，能够有效提升学生的课堂学习注意力，激发并培养学生对太极拳学习的兴趣。另外，多媒体课件也能够为学生多角度地展示太极拳的动作细节，让学生多角度、全方位地观察太极拳动作，在有效降低学生学习难度的同时，提升高职太极拳课程的教学质量与教学效率。

（3）强化思想引导，提升学习水平。多媒体课件能够运用丰富的形式帮助学生理解、认知太极拳的内涵理念，将抽象的哲学理念以生动形象的方式展现给学生，强化建设学生思想价值观念，避免一些局限性的思维认知限制学生学习能力的成长与进步。为此，简化太极拳教学内容、运用经典太极拳教学视频提升课程教学效率，能够让学生快速感受到太极拳学习的有效作用。另外，结合多媒体课件及教师的讲解，能够让学生充分感知太极拳博大精深之处，同时能够端正学生的学习态度，避免学生将学习太极拳当作枯燥乏味的学习任务，或者直接将其视作中老年群体养生的体育锻炼项目，以免影响学生对太极拳内涵、拳法及核心思想理念的学习理解，限制学生体育学习水平及身体综合素质的提升。

2. 多媒体在高职太极拳教学中的应用措施

（1）深化太极拳教学，完善教学理念。高职体育教学期间，多媒体可以强化对太极拳理论的研究，推广拳理内容，能在不断完善课程教学内容与太极拳教材的基础上，丰富教学活动，提升课程教学效果，展现太极拳文化的博大精深及太极拳理念体系的深厚底蕴。合理运用多媒体课件教学手段，能在丰富教学理念内容的同时，强化学生对太极拳相关拳理的指导与练习，进一步强化课程教学效果，达到事半功倍的教学效果。首先，教师应引导学生理解和感受太极拳的理念、辨析学习任务目标、规避学习误区。其次，教师运用多媒体课件为学生展示不同的拳法视频及理念，能够提升学生的学习理解能力。最后，高职院校应积极推广太极拳教学内容，以自身丰富的教学资源，邀请一些权威、著名的拳家大师开展教育讲座，能够在有效激发学生学习探索积极性的基础上，提升学生对拳术研究的上进心与成就感，进而构建多方位、全面化的课程教学结构体系，促进太极拳教学事业及学生综合素养的全面提升与进步。

（2）细化太极拳教学内容，提升教学效果。在太极拳理论知识教学及动作讲解的过程中，单一的知识讲解和方法演示，并不能充分调动学生的学习积极性，教师可以运用精细化的教学设计与安排，提升课程教学效果与教学质量。首先，教师应尊重学生的学习主体地位，讲解太极拳的有效作用，让学生认识到学习太极拳法能够收获的好处，进一步激发学生的自主学习意识及锻炼积极性。其次，教师应纠正学生的错误学习理念及动作方法。部分学生根据课程知识讲解及多媒体课件，能够模仿出太极拳的整套动作，但是往往缺乏一定的精髓，针对学生遇到的学习困难，教师应一一讲解，指出学习错误及需要改正的方向。教师可以为学生设定一些简单的小目标，并结合学生能够理解、感受到的参照对比方式，展示太极拳法的健身作用及防身护体等功效，当学生逐渐认知并感受到自己身体素质及防护能力在不断提升，就会进一步配合教师的教学任务，积极主动地学习太极拳。最后，教师想要有效提升教学效果，可以通过多媒体教学课件为学生展示一些不同太极拳流派代表人物的表演、训练视频。

生动形象的视频影音资料能够展示出太极拳精湛的技击之道，并让学生清晰感知如何通过太极拳的桩功套路动作及推手等动作的反复练习，达到意气合一、身体空灵、刚柔相济、松活弹抖等武术境界。

（3）建设高素质教师队伍，奠定教学基础。太极拳文化的继承、传播与弘扬，不仅需要武术传承者主动探寻传播途径与弘扬方法，也需要高职院校做好相应的教学准备及投入。在教师队伍建设与培训期间，强化团队建设与人才培养，能够在有效提升高职教育发展水平的同时，培养更多热爱传统文化、积极传播太极拳的高素质人才。当然，在教师团队培养与建设期间，高职院校管理层也需要考虑多方面的因素，比如太极拳教师自身的教学经验及实际水平。高职院校应尊重教师的实际差异性，强化多媒体课程教学措施，让学生根据教学视频主动熟悉课程知识内容，跟随视频完成初步学习及其他学习任务，缓解教师的课堂教学压力，提升课程教学效果。对于一些过度专注于知识传授和动作指导的教师，高职院校也需要在教学评价过程中，指导教师重视对太极拳深厚文化内涵的讲解与阐述，避免学生只是简单掌握太极拳的套路与动作，却不理解其本质精髓，偏离原始教学预期的情况。最后，高职院校在强化太极拳师资队伍建设与培养的过程中，也需要考虑太极拳文化的有效传承与弘扬。高职院校可以成立专门的宣传部门及组织队伍，在不断提升太极拳文化影响力的同时，激励太极拳教师主动提升自己，不断强化教学能力与职业素养，以从多方面培养现代化高职人才，确保高职师生身体素养与思想道德意识、身心健康等的全面提升与进步。

（4）丰富太极拳交流互动，推广其优势作用。太极拳文化的发展影响力在当前融媒体时代背景下得到了广泛提升，但是由于社会上现有的太极拳大家多半已经淡出人们的视线，能够传承和弘扬太极拳的高素质人才并不多见。为此，高职院校作为重要的人才教育基地，加大教育资源投入、宣传传统文化内容、吸收高素质太极拳人才，能够在不断提升教育质量水平的同时，提升太极拳文化的社会影响力及体育教学的有效性。高职院校可以通过加强太极拳文化交流与互动等方式，组织一些校园太极拳文化讲座和交流会，让更多太极拳文化爱好者及高职学生充分掌握、了解太极拳的正确练习方法和动作步骤，进一步体验气劲内功的进步过程，感受太极拳等高深中国传统功夫绝学的奇特魅力，这样有利于在不断提升学生信服度的同时，真正实现推广与弘扬太极拳文化的目标。

（二）多媒体在舞蹈教学中的应用

1. 多媒体技术在高职体育舞蹈教学中的作用

（1）丰富高职体育舞蹈教学内容。在高职体育舞蹈教学中，合理应用多媒体技术可以有效丰富教学内容。舞蹈教学内容不同于非艺术类教学内容，一些舞蹈知识特别是舞蹈细节展示并非是文字和语言能清晰呈现出来的，多数时间需要教师对一些舞蹈动作进行展示，这样便导致了舞蹈知识讲解过于单一和枯燥。通过采用多媒体技术，教师能借助一些视频和图片进行展示，让学生能够了解到一些特定的舞蹈类别在实际舞蹈表演或者编创过程当中应具备的要点。同时，通过对这些视频进行暂停或者放大，教师可以详细指出这类舞蹈具备的特征，以及在表演过程当中具体动作呈现的幅度。因此，采用多媒体信息技术来开展高职体育舞蹈教学，能在一定程度上提升舞蹈教学内容的丰富性。

（2）辅助学生提升课堂参与积极性。互联网时代让传播方式得到转变，同时传播的内容也越来越丰富。在这样的环境之下，高职体育教学的多媒体技术的应用，能够激发学生参与课堂的积极主动性。在传统的教学环境之下，高职体育舞蹈专业教师在讲授知识时，通常比较枯燥，而且很多文字信息类的内容缺乏逻辑性，学生记忆起来难度比较大。在这样的状况之下，学生为了能够完成相应的教学任务，只能对一些信息内容进行死记硬背，这会使学生失去学习相应理论知识的兴趣。同时，缺乏理论知识指导会让学生的舞蹈动作缺乏精准性，让学生无法领悟到一些舞蹈动作的精髓。而在应用多媒体技术后，学生可以通过形象的信息展示方式对知识进行记忆，也可以反复观看教师呈现的视频资料，这样对提升学生参与课堂的积极性具有重要的作用。

（3）减轻教师课业负担。舞蹈教师为了能够让学生对相应的知识有更详细的了解，会在课堂当中对舞蹈基础理论知识进行讲解，同时也要对相应的舞蹈表演动作进行示范，这样会让教师教学负担比较重。他们通常会在课前准备较多的教学内容，为了让自身所展示的舞蹈表演动作更加规范化需要不断地演练，该种教学方式让很多舞蹈教师的课业负担比较重。而在采用多媒体信息技术之后，教师通过对相应资源的搜集和展示能够减轻教学的重担，可以有足够的时间对所要讲解的内容进行深入探讨和分析，进而减少一些展示环节。这对于高职体育舞蹈教师而言，能够更好地将精力投入教学方法研究中，让音乐舞蹈专业的教师不断优化自身授课的方式，让学生的课堂学习效果得到提升。

2. 高职体育舞蹈教学应用多媒体技术存在的不足

（1）部分高职院校对多媒体信息技术应用频率低。随着科技和经济的发展，我们已经进入信息时代，在此背景下，很多传统的媒介被信息化取代，同样，很多高职院校在开展教学活动时，都会以多媒体作为主要教学的展示技术。但是，仍有一些高职院校教育理念过于死板，跟不上时代潮流，局限于固有的认知，极少使用多媒体信息技术来对教学内容、方法和模式进行改进和创新。在高职舞蹈教学中，很多教师受到传统体育舞蹈教学模式的影响，在实际开展教学活动当中仍然沿用以往的教学模式，未能充分利用多媒体信息技术。另外，部分高职在多媒体信息技术和设备更新方面不及时，导致很多多媒体辅助设备无法正常地使用，这样会影响高职院校对多媒体信息技术的正常使用。因此，高职院校与教师对多媒体信息技术的应用意识存在偏颇，自然导致高职体育舞蹈对多媒体应用频率低。

（2）体育舞蹈教学课件制作水平低。体育舞蹈教学应用多媒体信息技术时间比较短，很少有教学内容和教学资源在网络当中，上传的数量也比较少，在学校自身的教学资源库无法找到匹配的辅助资料。因此，教师在教学开展之前应对课件内容进行制作。由于高职体育舞蹈专业教师在多媒体技术应用方面存在很多短板，尤其是在教学课件使用和设计方面，经常会遇到一些技术问题，这样便使得体育舞蹈教学课件的制作效率比较低，在教学任务比较重的状况之下，很多体育舞蹈教师便会粗略地制作相应的课件，甚至在课件制作失败之后便不会采用多媒体信息技术辅助教学。

3. 多媒体在高职舞蹈教学中应用的策略

（1）提升教学多媒体信息技术应用意识与频率。在信息时代多媒体技术在高职体育舞蹈教学中的应用，是落实我国教育科学发展的重要举措，也是我国当前素质教育改革的必然趋势。因此在，高职院校开展体育舞蹈教学课程时，应当注重对多媒体信息技术的应用。首先，高职院校应当提升对应用多媒体信息技术重要性的认知。当前，我国正处于社会主义发展的重要阶段，无论是经济还是文化，都应当呈现出创新的发展态势。因此，以往传统体育舞蹈专业教学的模式很难适应教学创新发展的目标。而采用多媒体信息技术，符合当前时代发展的需求，有利于提升学生对舞蹈的想象力、创造力和表现力，这样才能够促进我国舞蹈艺术领域的发展。因此，高职院校应具备借助多媒体技术优势实现体育舞蹈教学改革和创新的意识：一方面，学校应当实时更新多媒体信息技术的相应设施、设备；另一方面，教师也应当注重对体育舞蹈教学理念进行更新，在教学模式方面也应当具有一定的创新性，多采用多媒体信息技术辅助教学。

（2）提升教学课件制作质量与效率。体育舞蹈等专业教师，应当注重对自身教学课件制作水平的提升。在实际的操作过程当中，高职院校可以组织教师学习教学课件的制作方法，以及一些便捷的制作模式，这样才能够提升课件制作的质量和效率。另外，高职院校也应当联合一些科技企业，针对体育舞蹈专业教学特色，辅助教师制作出相应教学课件制作的便捷模板，教师在实际的课件制作过程当中，只要将相应的一些教学信息进行收集并上传（例如图片、视频、音频）到制作模板当中，便可以实现对课件的制作，这样在一定程度上能够提升体育舞蹈专业教师制作课件的效率和质量。

（3）提升多媒体信息技术与教学融合深度。高职体育舞蹈教师在教学过程当中应将多媒体信息技术融入教学的各个环节。其中，课程导入方面要充分地利用多媒体技术优势，激发学生学习舞蹈知识的兴趣。例如，在针对特定的舞蹈类别进行教学时，教师可以将相应的视频资料保存在多媒体设备当中，然后在课程开展之前为学生展示舞蹈的艺术美，让学生能体会到相应舞蹈所展现出的艺术内涵，这样便能够激发学生对舞蹈学习的主动性。然后在教学开展的过程当中，教师借助多媒体的动作分解，让学生进行学习和练习，并且采用录像的功能对每位学生表演的神态、动作、表情，进行清晰的记录，让学生可以在练习之后，查找自身表演所存在的不足。同时，教师还可以将学生练习的影像作为教学辅助资料，让学生进行分析和评价。另外，教师和学生在开展课程时，还可以采用一些远程教学的方式。例如，在学习特定民族舞蹈时，学校可以联系当地的一些舞蹈类高职院校，通过建立联合办学的方式，采用远程视频在线教学，让学生感受到这一民族舞蹈的衍生和发展环境，这对于学生提升自身舞蹈表演的内涵具有重要的促进作用。

（三）多媒体在瑜伽教学中的应用

1. 瑜伽和多媒体

瑜伽起源于印度，有着悠久的发展历史。近年来，随着瑜伽运动功效的显著体现，瑜伽受到了越来越多人的关注，练习者逐年增多。高职瑜伽教学作为瑜伽训练的一个重要分支，在推广普及瑜伽运动、提升高职学生身体素养等方面发挥着越来越大的作用。随着高职院校对瑜伽教学的重视，瑜伽教学的手段方法也得到了极大的关注。随着多媒体技术的快速发展，其在各行各业中的应用也得到了高度普及，但是，目前而言，其在高职瑜伽教学过程中的应用及推广还很少见。本书尝试查阅近年来多媒体技术在国内高职瑜伽教学中的运用，总结其取得的成果，并针对现有问题，提出相关建议，以期为多媒体等先进技术在高职瑜伽教学过程中的可持续应用提供助益。

多媒体是一种通信形式，它将不同的内容形式（如文本、音频、图像、动画或视频）组合起来，与传统的大众媒体（如印刷材料或音频记录）形成对比。多媒体的形式包括视频播客、音频幻灯片、动画节目和电影等。在人们的日常生活当中，多媒体发挥着很重要的作用，其已经成为新时代年轻人的生活必需品。为了较好地迎合年轻人，尤其是刚入校的大学生的喜好，高职瑜伽教学可以搭上科技发展的列车，运用多媒体技术改进瑜伽教学的效果。

目前，关于多媒体技术与瑜伽教学结合的分析并不多，相关研究列举如下。张雷剖析了多媒体软件教学在瑜伽教学中的应用，发现其提升了教师和学生的教学、学习积极性，在教学改革与发展的进程中，多媒体有效丰富了教学形式和教学手段，对于课堂教学质量与教学效率的提高具有重要的意义。有学者发现，多媒体作为一种教学辅助工具在瑜伽教学中能有效提高教学效果。

2. 多媒体在高职瑜伽教学中的应用策略和作用

（1）线上教学。线上教学模式是线下教学的有机补充。在特殊时期，线上教学模式在高职课程教学中发挥着十分重要的作用。对于瑜伽教学，亦是如此。通过线上视频教学，教师可以较好地利用现代多媒体技术的优势。

当然，与面对面的瑜伽教学相比，在线上教瑜伽也有很多好处。首先，进行线上教学比实体教学的所需费用少得多，线上教学可以有效补充实体课程，减轻高职瑜伽教学方面的经费投入。线上教学具有较好的可伸缩性，通过上网，可以不受地理位置或物理空间的限制。线上课程可以让教师同时给更多的人授课，不受训练空间的限制和约束。除此之外，线上瑜伽教学也需要注意以下问题，以提高教学的效果：选择合适的瑜伽课程主题和定位、选择课程格式和教学方法、准备在线教学的工具和设备（多媒体）等。

（2）多媒体音乐。罗曼·罗兰说过，音乐不是一种单纯的消遣，它或是对于心灵的一种理智上的裨益，或是镇定灵魂的一种抚慰。练习好瑜伽，选择对的瑜伽音乐至关重要，其不仅能作为瑜伽练习时的辅助，还能作为日常放松和休息的一种方式，舒缓紧张的情绪，提升睡眠质量。瑜伽练习的多媒体音乐形式可以是CD、DVD，也可以是网络上常用的音频，如MP3、AVI等格式的音频。多媒体音乐的风格多样，但并不是所有的音乐风格均适合瑜伽练习，其中适合瑜伽训练的音乐需要能达到以下效果，即心灵的宁静和练习中的专注。

（3）多媒体录像及视频。除了线上教学，视频教学也可以在线下教学过程中发挥重要的作用。在开始瑜伽训练前，教师可以利用多媒体设备播放比较优美的视频短片，让学生为瑜伽学习做准备，提前进入比较放松的状态。同时，教师也可以利用多媒体设备，将学生瑜伽训练的全过程进行录像，供学生训练后观看，这样可以有助于学生纠正自己的错误动作。在瑜伽训练结束后，学生也可以集体观看瑜伽专业老师的视频，向专业老师学习，这有助于学生提高学习兴趣，提升瑜伽练习的效果。具体的分析如下。

①瑜伽教学过程的整体把控。在瑜伽授课过程中，学生或者教师往往是通过视觉和听觉来感知瑜伽动作、传递教学信息，而多媒体教学手段在这个过程中发挥着十分突出的作用。

②有利于突出动作技术的重点和关键。例如，学生在学习较复杂的瑜伽技术动作时，可利用电视、录像，放慢速度并多次重复动作技术的关键环节。通过多次演示强化，促使学生掌握技术的重点和关键点。

③有利于进一步提高和改进动作。通过现代化教学手段显示的图像，或通过对学生的动作进行录像，可以让学生进行对比分析，发现问题，及时改进和提高。

当然，在录制瑜伽训练录像或者视频时，教师需要注意以下事项。第一，做好准备工作。教师如果对自己创造的镜头感到舒适和熟悉，在拍摄时会感到更加自信。第二，身体耐力。教师在拍摄前要照顾好身体，这样在录制瑜伽动作时会更得心应手。

总之，多媒体录像及视频的方式可以有效提升高职学生学习瑜伽的效率，对于瑜伽运动的教学有很大助益。

第五节　自主教学模式

当前，加强大学生自主学习能力的培养，已成为大学教育理论和实践研究的重点课题之一。高职体育自主教学也成为高职体育教学的一种构建模式。本章对高职体育自主教学模式进行介绍，分为高职体育自主教学的现状、高职体育自主教学模式的构建、高职体育"三自主"教学模式3部分。

一、高职体育自主教学的现状

（一）自主教学的概念界定

关于体育自主教学，目前学术界并没有统一的定义，学者们从不同的角度和层面对体育自主教学的内涵与外延进行了阐述。体育自主教学，是一种将学生作为参与教学的主体，教学目标、教学模式、教学内容和方法都紧紧围绕学生展开，学生和教师共同构成体育自主教学系统的教学模式。健康、愉悦、放松等积极因素是自主教学的主要源动力。换言之，自主教学是在教师的引导下，学生自己选择学习内容和方法，课后自我监督、自我评价的学习过程。

体育自主教学作为自主教学的一种，是在体育教师的引导下，学生根据自身的实际情况，合理安排体育学习过程的一种教学模式。

（二）高职体育自主教学现状

1. 学生的身体机能和体育学习需求存在明显差异

高职学生在身体机能和体育学习需求乃至学习兴趣方面存在明显的差异。具体来说，学生的身体机能各不相同，对体育学习的需求和兴趣爱好呈现出一定的层次差异。学生更愿意获得一定的自由选择空间，而不是千篇一律、一成不变的"统一性""规范性"体育教学模式。高职院校在目前的体育教学模式中，除了专业体育生，将其他所有学生都划归为非专业类，通过普通教学班或体育"兴趣班"进行统一教学模式的体育教学。在高职院校目前的体育教学设置中，学生虽然可以按照自己的兴趣选择体育"兴趣班"，但是可选择范围较小，且体育"兴趣班"还是以普通教学班为基础来划分的，各个体育"兴趣班"，并没有根据学生的个体差异设置不同的教学模式，仍然是按照统一的教学计划和统一的教学模式进行教学。可以说，高职院校给予了学生兴趣选择权，实现了一定程度上的自主化，但是在实施层面未能深入发展自主教学。

2. 学生自主学习能力处于低位水平

在高职院校目前的体育教学中，学生普遍表现出愿意接受自主教学模式的意愿，但同时学生自身的自主学习能力较低。这具体表现在，学生对于自主学习过程缺乏自主性的控制和自我监督能力，并且在自主学习的过程中渴望得到来自教师和同学的帮助与支持。特别需要指出的是，大部分学生不愿意当面接受帮助或支持，而更愿意选择在非公共场合获得帮助或支持。也就是说，大部分学生不愿意在课堂上向教师或其他同学请教，而更愿意在课后非课堂的环境下进行互动学习。

二、高职体育自主教学模式的构建

建立科学合理的高职体育自主教学模式是发展高职体育自主学习的基础，为此，体育教学应该改变传统的教师本位思想，将学生作为教学的核心，所有的教学都围绕学生展开。

（一）组织引导系统

建立组织引导系统是高职体育自主教学模式的首要环节、基础和流程导向，具有重要的基础性作用。组织引导系统的主要作用在于宣传自主教学模式的理念和基本模式，并通过宣传让学生逐步认识、感知并接受这一教学模式。此外，组织引导系统的另一重要作用在于激发学生对自主教学模式的参与热情，通过丰富多样的形式将学生引入体育教学之中，让学生对体育学习产生深入理解、挖掘以及自我探索的渴望。可以这样说，组织引导系统是激发学生参与体育自主学习的关键性环节，这一环节将为高职体育自主教学模式提供强大的源动力。

组织引导系统的核心在于教师的组织和规划。教师应该先对教学目标进行宏观设置和整体把控，并进一步将目标细化为整体目标和阶段性目标，再根据目标的设置规划相应的课程与教学手段。在组织引导阶段，课堂教学的内容与形式十分重要，教师需要快速抓住学生的注意力和兴趣，并给予学生宽泛的想象空间，这对于后续自主学习系统的推进十分必要。以课堂教学的引入为例，传统的体育教学往往缺乏课堂教学的引入环节，而在组织引导系统中，教师可以尝试以热门话题来展开课堂教学，如精彩的 NBA 比赛、奥运比赛、街舞片段等。这些内容可以在很大程度上激发学生的兴趣和激情，对比无引入的课堂教学，显然更有利于塑造教学氛围，并能够鼓励学生积极参与其中，在课堂的一开始便会抓住学生的注意力，从而为后续教学带来积极影响。

（二）学习系统

学习系统是自主学习模式的核心组成部分，用以建立并完善学生的学习模式。学习系统主要涉及内容和方式两个层面，它们是学习系统需要明确的两个基本要素。内容指学生需要明确地选择出学习内容。学习内容可以是多样的，但应该充分结合自身的个人身体特质和兴趣爱好，并参考教师的建议来最终确定。形式指学生自主学习的方法。学生可以自己学习，也可以参加小组学习。小组学习是常用的一种学习系统方式，其学习效果也比较突出。在小组学习中，教师会根据学生的意愿和自身的教学计划综合划分小组，并对各个小组设立考评机制，在学习完成后，主要根据小组学习情况和最终教学目标的实现程度进行评价。这样，小组之间便可以形成良性竞争的机制，而小组内部各个成员之间可以进行经验分享与学习上的互助，从而可以在内、外两个层面上提升学习系统的效率和教学效果。

除了内容与方式两个基本层面之外，学习系统还需要设置一定的后续配合内容。如在学生选择了自选学习项目之后，期末的体育检测便可增设考核学生的自选项目并占一定的权重，这样会使得学生在选择的时候十分用心，能够充分结合自身的实际情况，后期学习也会更加努力。此外，教师可以在课堂上组织大家讨论，看学生们喜欢采用什么样的方式来进行学习，讨论之后教师再综合考量大家的意见来实行。总之，学习系统的建立不能脱离以学生为核心。

（三）过程控制系统

过程控制系统属于自主教学模式中的控制性和辅助性环节。控制性和辅助性是自主教学模式区别于传统自学模式的重要因素。一般来说，过程控制系统主要涉及两个部分，即帮助和监管，高职体育教学可以基于这两个模块构建过程控制系统。

帮助模块主要为解决学生自主学习过程中遇到的各种问题。由于体育运动的内容深入社会生活中的多个层面，学生在自主学习的过程中，会不可避免地遇到各种学习和体育运动实践方面的问题，如锻炼方式、运动技巧、各项体育运动的细节动作、比赛规则等，如果没有科学有效的帮助系统，那么学生的疑问将会越积越多，最终严重影响自主教学模式的推进。在帮助模块中，教师可以设置问题答问集锦，并同时设置师生之间、学生之间和小组之间等多种形式的帮助方式，学生可以自我解决，也可以讨论解决，还可以寻求教师的帮助。通过帮助模块的设置，学生在自主学习过程中的疑问可以得到及时、有效的解决。

除了帮助模块之外，监管模块也是过程控制系统的重要组成部分。在自主学习模式推进的过程中，教师必须对整个过程进行监管，以保证教学的正常进行和教学目标的实现。换言之，教师必须通过一定的手段，及时有效地掌握学生的学习情况，当出现偏差或者教学环境发生变化时，教师应当及时调整教学计划和自主教学模式。监管模块的方式十分多样，例如，教师可以定期开展座谈会，开展学生小组内部讨论和小组之间的讨论，让学生在讨论中分享学习经验，共同探讨学习问题，而通过这样的讨论，教师可以及时地把握学生的学习动向，以便洞察当中存在的问题，及时进行纠正和调整。

三、高职体育"三自主"教学模式

（一）高职体育"三自主"教学模式的现状

"三自主"教学模式，通过学生自主选择授课内容、自主选择授课教师、自主选择授课时间，能充分发挥学生的主体作用，充分调动学生学习的积极性。在我国，现阶段的"三自主"教学模式已经有了一定规模，但是其发展过程中仍然存在许多弊端，并不能完全展现该模式存在的积极意义，其在发展过程中仍然存在诸多阻力。

在我国许多地区的高职院校中，"三自主"教学模式已经开始应用于体育教学并持续了一段时间，总体来说已经取得了初步的成效，显露出一定的优势。例如，学生可以选择自己感兴趣的体育项目，并通过课程的学习来提高相应的技能，从而达到锻炼身体的目的；学生可以选择自己熟悉和喜爱的授课教师，使得上课积极性更高；学生可以选择合理的时间，有利于学习时间分配以及合理利用课余时间。"三自主"教学模式可以引导学生参与体育课程，同时合理地协调体育活动与学生学习、生活之间的关系。

相关的体育教学大纲指出，在学生参与体育课程教学的同时，要将体育课堂与课外活动结合，学校与社会紧密联系，从而形成一个有机的课内外相结合的体系。这就要求"三自主"体育教学与课外体育训练，以及俱乐部、社团等团体训练形成紧密的联系，从而实现全方位体育教学。我国目前在"三自主"教学模式的研究中仍然处于初步探索阶段，如何做到有机结合仍然需要慢慢探索。

在我国，高职大学生普遍对体育不够重视，这就导致了尽管采用了"三自主"教学模式，但是大多数地区的高职体育教学还是流于形式。学生选择体育课程的主要目的是获取学分而不是出于对体育项目的热爱。同时，许多地区也出现了师资力量不足的情况，不能很好地完成既定的教学目标，导致许多学生不能从选修的体育课程中真正学到技能。

（二）高职体育"三自主"教学模式优化途径

1. 培养学生树立正确的体育锻炼意识

在"三自主"体育选修课中，教师除了教授学生基本技术、技能以外，还应当帮助学生对体育的功能建立科学的认知，从而使学生以积极健康的动机参与到体育锻炼当中。随着经济的飞速发展，人们在享受物质生活的同时，也应当重视精神层面的追求，包括通过体育锻炼增强体质，增强自身社会适应能力，从精神层面充实自我。学生通过体育锻炼可以排解压力，释放紧张情绪，从而更好地投入学习和生活当中。体育教学要帮助学生树立正确的体育锻炼意识，培养学生自主参与体育锻炼的习惯，并且锻炼的强度要根据学生的身体情况适度调整，针对学生的科学锻炼制定运动"处方"。体育教学还应加强学生的主观能动性，让学生自主参与体育运动，而不是单纯地为了修学分而选择体育选修课。总之，培养学生正确的体育锻炼意识，有利于增强学生的整体素质，同时也能使体育选修课更有效地进行下去。

2. 加强师资力量投入并提高教师整体素质

教师作为体育选修课的重要一环，起到的作用不容忽视。部分高职师资力量不足，这对学生自主选择课程起到一定阻碍作用。学生有些时候并不能选择到自己喜爱的体育项目，而为了学分不得不选择一门并不感兴趣的项目。因此，提高师资力量的投入，是体育选修课发展的重要保障。同时，高职应提高教师的整体素质，减少教师不负责任的情况出现，为体育选修课的发展提供一个良好的环境。

3. 提升体育选修课的内容深度及趣味性

体育选修课应提高内容深度。教师的教学内容不应停留在传授基本的技术技能上，还应包括体育运动项目的内涵以及意义、作用等，应使学生在学习体育运动项目的同时感受到运动本身的乐趣，这将对学生的全面发展起到一定的促进作用。同时，体育选修课应改变传统教学模式，加强学生对体育运动项目的深入了解，使学生真正地爱上一个体育运动项目。

教师应尽可能地提升体育选修课课堂的趣味性。教师可采取多种体育教学方式，改变固有的教学模式，使学生真正地参与到体育运动中来，培养学生对体育学习的兴趣及主观能动性。同时，高职院校可结合当地体育特色开展地区性体育活动，加强对体育运动训练和体育科学研究的支持力度，推进体育课程改革，结合当前互联网技术将传统的体育教学盘活，带给学生以新的吸引力。新鲜有趣的课堂以及灵活的传播方式，一方面可以扩大体育知识的宣传范围，另一方面可以给学生带来科学的健康观念，从而在全校范围内营造出和谐健康的体育学习氛围。

（四）统一体育课程考试评价标准

高职院校应针对"三自主"体育选修课实施过程中出现的体育学习评价标准不一致的情况进行分析，采取相应措施，统一体育课程考试评价标准，并要求体育教师严格执行规定的体育考试内容的各部分构成比例，严格考评学生在体育学习中的各部分的得分。特别是对于同一项目的体育课程的考试，学校应要求标准统一。

（五）加强课外体育活动的组织

高职院校应加强课后的跟踪教学，使体育教学不仅停留在课堂上，在课下也可以进行，如组织相关的体育活动、体育竞赛，引导学生在学习体育技能的同时更多地参与实践，真正地做到学体育、爱体育。同时，高职院校应营造良好的体育氛围，使学生在轻松愉快的氛围中学习，帮助学生树立终身体育的意识。

（六）进一步完善选课系统

高职院校应在原有的体育选课系统基础上，进一步完善体育选课系统中不合理、不充分的地方，例如，加强对于任课教师的介绍与宣传，更为合理化地分配授课时间与场地等。选课过程应使学生真正参与进来并居于主导地位，充分发挥学生主观能动性，从而进一步发挥"三自主"教学模式的优势。

第六章 高职体育教学的优化

高职教学处于不断发展的进程中，体育学科作为高职教学活动中的必修课程，在高职教育中发挥着重要作用。体育教学不仅可以强健学生的体魄，而且能与德育相结合，陶冶学生的情操，对于提升学生的心理健康和生理健康水平大有裨益。本章介绍高职体育教学的优化的相关内容，分为高职体育教学方法的优化、高职体育教学内容的优化、高职体育教学模式的优化、高职体育教学过程的优化。

第一节 高职体育教学方法的优化

一、体育教学方法的地位

我国学校体育的教学方法在理论体系实践应用中的地位如下。

（1）它是为达成教学目标，使学生完成学习任务而选择运用的策略。

（2）它是遵循教学活动的特点和规律，以一定的教育理念和教学策略为依据，组织安排教学活动的一种具体结构和形式。

（3）它既是一种实施课堂教学内容与组织形式的策略结构，又是一种按目的要素对教学进行合理建构和合理安排的活动过程。

（4）教学方法的分类可以辅助教师策划教学情境、推导知识获取方式、选择教学方法，将教学内容转换为具体的运行活动。

（5）从时空的发展来看，新的教学方法从知识的结构性入手，注重教学环节的具体应用与认知的目的指向性，着力体现了"教学做合一"

的知行统一观。既反映了教师如何教，也体现了学生如何学。教学是教师与学生相互结合、双边共同完成的活动。过去，我们只发挥了教师的主导作用和教师的教学智慧，没有发挥学生学习的主动性和学习智慧的力量，导致教学实践中"管教不管学"的现象，因而它是不完善的。

二、体育教学方法选择和应用的原则

体育教学方法作为体育教师在教学过程中的工具，发挥着非常重要的作用。体育教学方法受到越来越多的体育教学工作者的重视。但是体育教学方法的选择并不是盲目的，通过对体育教学的研究得出，体育教学方法的选择和应用应该严格遵守以下4项基本原则。

1. 目标性原则

教学方法是为实现教学目标而服务的，教学目标为教学方法的选择提供了参考依据，教学方法又促进了教学目标的实现。因此，在进行教学方法的选择和运用时，教师一定要保证教学方法的目标性，首先应该清楚其教学目标是什么，然后再去思考如何应用这种教学方法完成教学目标。只有保证教学方法具有目标性，才能保证教学的质量，才能顺利完成教学任务。

2. 有效性原则

在选择和应用教学方法的时候，教师还要考虑其完成教学目标的有效性，实际上就是指利用这种教学方法提高教学质量，顺利完成教学目标的可能性。有些教学方法由于其步骤较为复杂，花费的时间过长，就会对其他的教学内容造成干扰，降低教学的效率，那么，这种教学方法就失去了在教学中的有效性，不利于教学活动的顺利进行。例如，体育教师在指导学生进行跑步训练的时候，采用的是多媒体教学和实践训练相结合的教学方法，但是由于跑步是一项较为简单的运动，仅仅需要理论结合实践的教学方法就能完成，不需要采用多媒体教学。因此，采用多媒体教学和实践训练相结合的教学方法就会降低教学的有效性。

3. 适宜性原则

每一种体育教学方法都有其相适应的教学环境和对象群体。所谓的适宜性，可以分为两个方面进行论述：一是指教学方法与学生之间的适

宜性，主要指教学方法是否符合学生的身心发展的特点；二是指教学方法与教师之间的适应性。每一种教学方法对教师的自身素质都有要求，只有两者相适应，才能最大限度地发挥教学的优势。例如，在对低年级的学生进行教学的时候，教师就应该选择一些与该学段学生的认知能力和身体发展状况切合较为紧密的教学方法，如讲解法、动作示范法等。

4. 多样化原则

体育是一门较为复杂的学科，体育教学方法也十分丰富，每一种教学方法都有其相对应的功能和作用，只有多种方法相互结合才能发挥体育教学的优势。多样化的教学方法不仅可以让体育课堂更加生动和丰满，还能调节课堂的气氛，激发学生的学习热情和主观能动性，使学生集中注意力，实现教学效果，提高教学质量。

二、高职体育教学方法的选择

（一）应有助于课堂教学目标的完成

教师的教学方法需要结合学生的特点与教学内容进行，同时，教师教学方法的选择应当考虑到学生的课堂学习目标与教师课堂教学目标的完成情况。因此，教师在选择相关教学方法时，应当分析教学内容的特点，合理地设置教学目标，选取教学方法，这样一来，才能确保教学方法与教学内容的有效结合，从而促进课堂教学目标的有效完成。教学方法的好坏，是在不断探索、更新中判定的，教师应当充分结合实际情况与相关理论进行选取。

（二）应有助于激发学生的主观能动性

无论在哪一门课程的教学过程中，学生都是课堂教学的主体，教师应当通过合理运用教学方法，激发学生的主动性，提升学生的课堂学习积极性。体育本身是一门较为活跃的课程，需要师生的参与和配合。因此，在体育教学中，教师在选择教学方法时应当考虑体育课程的特点，合理地选择教学方法，尽可能激发学生的主观能动性，使学生的课堂学习效率得到有效的提升。

（三）应有助于教师合理把控课堂教学节奏

高职体育教师在选择体育课堂教学方法时，不仅要考虑学生的课堂接受能力，同时还要考虑自身的相关能力。无论选取哪种教学方法，教师自身必须确保能够准确把控教学的节奏，对于学生的课堂反应能够做出预想的应对。当然，这些考虑的因素与教师自身的教学经验有很大的关系。所以，教师在选择教学方法的时候，需要对自身的实际情况以及课程把控要求加以考虑。

三、高校有效体育教学方法的发展趋势

（一）现代化趋势

在现代化发展过程中，体育教学的现代化十分明显。体育教学现代化的重要表现之一是教学设备的现代化，通过对先进技术手段的运用，教师能够更好地开展教学活动，学生可以更好地参与体育学习。而且，通过运用先进的现代化设备，教师可以对学生的身体素质有一个更加全面的了解，从而有针对性地对运动训练的负荷量进行安排。在教学管理方面，现代科技的运用可以为学生的学习和生活提供更加便捷的服务。随着现代社会的不断发展，体育教学的各项技术将得到一定程度的创新与发展，其教学方法也必然呈现出现代化的创新性发展趋势。

（二）心理学化趋势

在心理学中，学习是一个较为复杂的心理过程。在体育教学中，学生学习是一项既涉及知识记忆，又涉及动作技术记忆的复杂活动。随着对心理学研究的不断深入，学习过程的各个要素与阶段开始被人们逐步认识，并且在具体的教学实践过程中，心理学的相关理论得到了一定的运用，并发挥了积极的作用。在体育教学方法的发展过程中，很多心理学的研究成果都得到了不同程度的应用，这对于促进体育教学质量的提高具有积极的影响。另外，体育教学方法的运用还肩负着提高学生的意志品质、发展学生的健康心理等培养目标，通过对相应的心理学知识进行采用，体育教学方法在这些方面的目标才能得到顺利实现。

（三）个性化与民主化趋势

现代体育教学方法正在逐渐向个性化、民主化的趋势发展。传统体育教学，强调教师的主体地位，在教学过程中只重视教师的教，教师组织教学活动也没有对学生个体之间的差异性进行充分考虑。随着体育教学的深入改革与发展，社会越来越重视学生个性的发展，因此体育教学方法的发展也必然呈现个性化的创新趋势。个性化的教学方法改革和创新不仅有利于学生的全面发展，还有利于社会的进步。

体育教学方法的民主化发展也是大势所趋。随着体育教学过程中民主意识的崛起，民主化体育教学方法将得到进一步的重视与更加广泛的采用。

四、高职体育教学方法的创新策略

（一）从教学要素整体着眼，合理编排体育教学方法

在体育教学过程中，教师根据并运用课程教材来进行教学，最终实现教学目的，一定要借助一系列方法，所以说教学方法是教学活动中的关键因素之一。体育教学方法包含教师在课内与课外使用的教学方法、教学艺术、教学方式。体育教学方法常常会受到课程内容的限制，通过学生顺利实现教学目的或教学效果。师生是体育教学方法连接的两个端点。

一般来说，体育教学效果的评价由学生反映，同时体育教学方法仅在作用于学生后方可产生效果。连接两端的主体依旧是师生。对体育教学效果产生作用的因素包括两个方面：一方面是教师传授知识和技能的能力以及体育教学方法执行情况，另一方面是学生的内化、吸收以及创新。换句话说，体育教学方法两端的主体是决定方法实施效果的核心，两者密切配合是形成最佳效果的重中之重。

编排教学方法对师生有连接作用，具体表现在两个方面：一方面，教师各方面的素质和实际情况不仅会对选择和运用教学方法产生影响，还会对改编与创新教学方法产生更大的影响；另一方面，学生各方面的素质和实际情况会对体育教学方法的实际效果产生影响。由此可知，教师不但要坚持提升教学水平，而且要对学生的接受能力与内化程度了然

于心，通过师生协作实现"教学相长"，集聚教师和学生的力量来创新体育教学方法，改善体育教学效果。

（二）从实际情况入手，扩展、改进体育教学方法

体育教学方法有很多，教师要提高体育教学方法的实际效果，就一定要充分联系实际情况。不仅要考察和分析学校场地是否宽裕、各项器材配备的情况，还要兼顾开展体育课的实际条件。

受城乡区域差异和经济发展状况差异的双重影响，国家不仅无法保证所有高职院校的设备都相同，还无法保证所有高职院校的设备都可以满足体育教学的需求。当教师不得不面对条件不允许的情况时，应当适度扩展和优化体育教学方法，促使体育教学方法和体育教学实际更加吻合。毋庸置疑的是，体育教学方法的扩展和改进仅仅是一种手段，终极目标是充分适应体育课的需求，促使学生的健康水平得到大幅度提升，增强学生的创新意识，提高学生的创新水平。

扩展体育教学方法就是对教学方法的功能与应用范围加以拓展，集中反映在体育教学的组织形式上。以教学分组为例，过去教师是把人数当成分组依据，但在教学改革持续深入的背景下，很多体育教师意识到教学组织形式包含很多种，所以分组依据越来越多元化。常见的分组依据分别是实际兴趣、伙伴朋友关系、实际基础与水平、性格特征等。

改进体育教学方法是指在之前所用方法的前提下，教学通过总结来改进不足或更换教学方法。改进法在教学实践中的应用频率较高，如应用优化组织形式、改良教学方式等。

（三）从教学效果出发，优选、组合体育教学方法

体育课是根据完善的教学程序开展授课活动的，教学过程的常见特征分别是完整性与独立性。对于教学的全过程来说，体育教学方法仅仅是一项组成要素，但其同样是达到教学目标、完成教学任务的直接方式，各项要素的协作成效是体育教学效果的决定性因素，最突出的是过程和结果的关联。就教学效果来说，对体育教学方法进行科学的选择和优化，全面发挥系统论理论的作用，把"教"与"学"视为"动态系统"，将目标—方法—效果融于教学环境之中。因此，教师在采用体育教学方法时应当"瞻前顾后"，把教学目标完成情况、教学任务完成情况以及实际效

果都考虑在内，把学习的内在过程摆在重要位置，营造良好的教学环境，保证学生的主观能动性被有效激发出来。深刻认识到组合与联合使用体育教学方法的重要性，促使方法"合力"的实际效果达到最大化。在设计体育教学方法时，教师应当把各方面因素考虑在内，尽可能掌控好各方面因素，最终顺利达到教学方法的"一体化"效果。

相关调查表明，32.4%的体育教师的教学方法没有变化，30.3%的偶尔有些变化，所以学生认为体育课无趣的想法也不足为奇。优化组合的目的在于顺利达到目标，通过叠加各种方法来发挥整体功效。从根本上说，组合就是创新教学方法。例如，将讲解法与示范法有机结合在一起，实现讲解与示范同步的效果，再利用讲解法来启发；将讲解法与完整法有机融合在一起，比如，在跳高教学中，先对起跳和过杆动作进行分解传授，然后完整添加助跑与落地动作，末尾分解教学细节动作。改造侧重于加工与改编实施手段、实施工具。很多传统手段在经过加工改造后不会产生负面作用，相反会激发学生探究、求知的欲望。例如，借助图片或录像模仿具有代表性的动作，组织学生观看，不仅可以达到形象逼真的效果，还无须教师纠错讲解，学生可以自己发现问题，找出解决问题的对策，使其在发现和解决问题的过程中受到启发。

（四）从学生未来发展考虑，统整筛选体育教学方法

体育课在学生发展过程中发挥着巨大作用，学生的很多性格、价值观、人格都是在学生时期形成的。由于体育学科相对特殊且包含很多种运动项目，因此对学生产生的作用十分明显，不仅会对学生身体健康和心理健康产生影响，还会对学生的人生观和价值观发挥作用。体育教学方法包含很多种样式，站在推动学生今后发展的立场来分析，统整筛选体育教学方法，特别是要对那些由多种手段组合的教学方法实施筛选和统整。一方面，这些教学方法对学生今后发展有十分深远的作用，应当加大运用力度；另一方面，在运用这些教学方法时，应当有目的、有针对性，严禁过多使用。体育教学方法是达到体育教学目标的重要方式，虽然体育教学目标可能是单一的，但其具体途径有很大的选择空间，选择的途径往往是最节约精力、最直接的，这就是所谓的统整筛选的作用。

如果教师不精心筛选，则在达成目标的过程中难免会走弯路，体育

教学的实际效果也会受到影响。

1. 提高整个社会对体育教学的认识程度

如同树立终身学习的概念那样，要帮助学生树立终身锻炼的概念。在现阶段，很多人不能深刻理解锻炼的意义，只是觉得学生参与体育锻炼没有学习文化知识重要。要想促使广大群众更加认可体育教学，一定要先让人们深入理解体育教学具备的积极作用，或者在高考成绩中增加学生身体素质的分数。

2. 优化体育课程的设置

（1）教师根据一定的原则进行课堂教学设计。教师在设置课程时，要注意课程的系统性、方向性、组织性、针对性、趣味性、可操作性，还要符合学生生理特征。教师设计的体育课堂应该是以学生为主体的，要以吸引学生的注意力为主要目的，只有让学生对这门课程产生学习兴趣，课程才会顺利进行，否则将会困难重重。

（2）教师要充分发挥自身作用，正确引导学生。因为体育课程有助于学生处于放松状态，所以在采取各类教学方法时，教师一定要平等对待全体学生。无论学生的文化课成绩怎样，都需要积极带动学生成为体育课堂教学的参与者。文化课成绩往往会在学生中"画出一条线"，这条"线"会使学生之间产生距离感，而体育课对消除这种距离感有很大的积极作用。对于体育课这个平台来说，学生付诸努力就有可能取得良好成绩，成绩和基础的关联较小，所以教师稍加引导，就可以让班级产生和谐的氛围。除此之外，在体育锻炼中，学生可以更加深刻地感受输与赢的意义。

（3）在课程中充分体现出运动的娱乐性。分析现阶段已经存在的体育课设置可以发现，体育课把整齐、规范摆在过于重要的位置，这使得运动失去了娱悦身心的作用。从根本上说，运动就是一种玩的方式，只有在体育课程中反映运动具备"玩"的本质，方可把学生的自觉性充分调动起来。只有学生玩得高兴，才能保证教师将这节课的作用发挥到最大，促使学生把学习的积极性发挥到最大，促使学生全面领会到运动锻炼的目的，如此也有助于增加学生其他课中集中注意力的时间，最终使学习效率得到大幅度提升。

（4）加强关于体育课设置的监管力度。不断提升升学率是学校扩大知名度的重要策略，我国目前存在对上体育课的监管力度不足的问题。如果可以加大监管力度，则对保证学生每天的运动时间有很大的积极作用。从本质上说，完善政策就是有效防止学校课程设置出现不合理现象，但该点需要适度增加宣传力度。需要说明的是，有效的监管手段不仅能为体育课课时充分提供保障，还能提高体育在广大群众心中的位置，有效解决创新教育理念下体育教学出现的尴尬问题。

第二节　高职体育教学内容的优化

一、高职体育教学内容的特点

（一）多样性

由于体育内容的起源方式和文化背景不同，体育教学内容也存在着区别，而体育内容的传统起源影响着人们对体育教学内容的认知。因此，体育教学要根据实际情况"对症下药"，从而使体育教学得以顺利开展并取得良好效果。

（二）实践性

体育教学内容需要学生通过肢体作用才能完成，因而实践性是体育教学内容不可忽视的一个重要特点。不同于其他学科通过在室内课堂上的讲授、做题等方式达到教学目标，体育教学内容无法单纯通过讲授理论的方式来完成传授。实践是体育教学的主要进行方式，学生必须通过实际的体育运动来体验才能完成。另外，国家规定的体育教学目标也包含心理健康部分，而恰当的体育活动可以实现对学生心理健康的调适与引导。综上，实践性是体育教学的特点之一。

（三）娱乐性

大多数体育活动是由人们日常生活中的娱乐活动进化而来的。娱乐性不仅体现在人们身心的愉悦上，还体现在竞技体育的竞争、合作、超越等精神层面，包括人们对于新的运动项目的体验和掌握的成就感，也包括人们对体育环境、场地、竞争规则、竞争形式等方面的认同。当学生参与体育学习时，这一定是因为学生对这项体育项目感兴趣，才会主动接触和学习。教师在教学中应注意发挥娱乐性对学生学习兴趣的调动作用。

（四）健身性

健身性是体育教学独具的特点。大多数体育教学锻炼内容是以肌肉运动的形式开展的，这无疑会给身体造成一些负担，所以练习者要在合理的范围内参加体育运动。在实际教学中，为了保证体育教学内容的完整性，教师做出了许多努力，比如根据学生的不同身体部位特征和学生的不同身心特点来制订科学化训练计划，对于运动强度进行合理规划，并评估每个教育部分的效率。但是由于学生学习时间的安排、学习目标的优先次序等因素，这些训练计划常常无法按计划顺利进行，也就是说，学生的实际训练情况基本处于一个不受控制的状态。

（五）开放性

团体活动是体育教学一种重要的实施方式。人们在体育训练和竞赛中的互动非常频繁，这使得体育教学内容比其他学科的教学内容更具有人际交流上的开放性，更注重人与人之间的交流和集体精神的培养。在体育教学过程中，教师和家长、教师和学生、学生和学生之间建立了紧密和开放的联系，在以团体为单位进行的活动中，团队成员之间的工作划分得更加清楚，这使得体育教育中的角色性超过了其他学科，有利于学生健康人际关系的发展。

（六）空间约定性

在体育教学中，很多活动都是要在规范场合内来进行的，如沙滩排球、篮球、跳远等。正是由于不少活动对于空间的要求，导致体育教学对于场地有较大的依赖性，这使得空间、器材、道具、规范场地成为体育教学中不可或缺的部分。

除此之外，体育教学还存在3个较为明显的特点。第一，素材极多。第二，各项目内在的逻辑性联系并不强，彼此之间基本是平行并列的，如足球、游泳、铅球等，教师在进行教学内容安排时没有办法完全依据困难程度和学生的准备程度来列出先后次序。第三，体育项目与锻炼效果之间存在"一项多能"（指一种运动项目可以起到多种锻炼效果，比如健美操既有观赏性，又可以塑造形体）和"多项一能"（指不同运动都可以达到同一种训练效果，比如俯卧撑和吊环都可以起到锻炼上肢肌肉的作用）的关系。

教师在制订体育教学内容时可以根据上述特点来选择不同的锻炼项目，并应注意新兴起的体育活动类型。

二、高职体育教学内容的选择

（一）高职体育教学内容选择的依据

高职体育教学内容的选择要结合学校真实的教学情况来进行，不能脱离实际。一般来说，高职院校选择体育教学内容时可参考以下依据。

1. 按照体育课程教学目标进行选择

体育课程内容是一种手段，关联着与之对应的教学目标，而教学目标是教学内容选择的依据，选取教学内容一定要按照教学目标进行选取。总体来说，体育课程教学目标是非常多元化的，也具有非常丰富的代表性。由于体育运动项目呈现多样化的特点，所以高职在体育课程内容选取方面应该更加灵活，不应局限于单一内容。

2. 按照社会发展需要进行选择

高职院校在选取体育教学内容的时候，要考虑这个内容是否符合社会发展需要。学生作为即将进入社会的主体，会随着社会的发展而发展，因此，高职院校在选择体育教学内容时，要着重考虑社会因素。学生和社会是息息相关的，学生从校园毕业后要进入社会就业，如果学校学习的体育课程能在学生就业时或以后生活中发挥重要的作用，这对学生来说也是一种鼓励。只有这样，体育教学内容才能发挥它应有的作用。

3. 按照体育教学素材的特性进行选择

我国一些编订的体育教学素材突出的缺点是内容的逻辑性不强，素材内容之间无法流畅衔接，这在一定程度上影响了体育教学内容的编排。在一般情况下，体育教学内容的编排都以运动项目为划分依据。

如前文所述，体育项目与锻炼效果之间存在"一项多能"和"多项一能"的关系。高职院校应根据体育项目的特点、所锻炼的能力与练习者的乐趣体验等来选择合适的教学素材。

同时，由于我国的体育教学素材多而杂，致使体育教学内容也非常繁杂，这在一定程度上增加了授课教师选择教学素材的难度。体育教师不是全能的，不一定能够做到了解并掌握所有的体育内容，体育课程的设计人员也是如此。体育教学素材的选择应符合当地特点。

4. 按照学生需要及身心发展规律进行选择

教师在教学过程中不能只注重教学的结果，还要注重学生的需求。学生几乎都会选择有兴趣的课程，因为这能让学生全身心地投入进去，并且不会觉得无聊，结果就是学习的效率会大大提升。但在很多高职院校，尽管学生们选择的是自己感兴趣的体育课程，但实际上他们参与的热情并不高，主要原因是体育课程的内容比较死板、无趣，没有灵活性。这些现象在提醒高职院校一定要根据学生的需求和身心特点来选择教学内容。

（二）高职体育教学内容选择的原则

高职体育教学内容的选择要从多方面考量，一般来说，要遵循以下原则。

1. 科学性原则

选择体育教学内容的首要原则就是要尊重科学，只有尊重科学，体育教学内容选择才能从实际出发，才能促进社会的发展、学生的心理健康及身体素质的提升。

2. 趣味性原则

一个人想做一件事的原因大都是这个人从内心想做这件事，这里"兴趣"起着决定性的作用。参与体育运动项目也是一样的道理。如果学生爱好这项运动，他们就会积极参与其中，乐此不疲，并且心态是放松的。因此，体育教学内容应看重学生学习的兴趣，选择学生感兴趣的、受欢迎程度比较高的教学内容，这样可以事半功倍。教师在日常的教学过程中也要注重教学的全面性、灵活性，不要对每个学生都像培养专业运动员一样要求，这样容易使学生产生抵触情绪而不再喜欢上体育课。

3. 教育性原则

考量体育教学内容好坏的标准是它是否具备教育性。如果一本体育教材不适合教学，那它基本上也不会对社会产生积极的影响，不能予以选用。

4. 实效性原则

高职院校在选择体育教学教材的时候要考虑教材的实用性问题，也就是说，使用一本教材产生的影响是非常重要的考虑因素。在此基础上，高职院校要考虑教材内容是否新颖、结构是否合适、表达是否流畅、印刷质量是否达标等。高职院校要尽量选择能让学生终身受益的教材，为学生快乐学体育、健康学体育创造条件。

三、高职体育教学内容的优化策略

（一）建立体育教学内容电子数据库

体育部门可以联合高职院校建立体育教学内容电子数据库，以学生的年龄特征、身心发展、体育运动发展规律等为依据，将丰富的国内外体育教学内容进行收集、整理、分类、分层，建立同一水平不同体育教学内容之间的横向逻辑联系，不同水平同一体育教学内容之间的递进晋升关系，形成多层次、多内容的教学内容学习网络，并按照技术动作的难易程度分别投递到高职体育教学的各个水平段。

如此一来，一线体育教师可以选择合适的教学内容，避免选择教学内容时的盲目性，减少对必修体育教学内容的重复设计工作。同时，此项举措有助于提高高职体育教学的质量；有助于学生参与乐趣的提高，体质健康水平的提升，个体的全面发展，以及终身体育运动意识的养成。

（二）建立体育与健康成长电子档案

结合目前我国高职学生电子学籍系统，高职院校可充分发挥网络时代的科学技术资源优势，建立学生"体育与健康成长电子档案"。高职院校可将学生参及体育与健康的情况具体、真实地记录到档案中，其中包括不同年级、不同学年、不同学期完成体育教学内容的情况，含完成体育教学内容的基本情况、完成的星级情况、完成的达标情况等。档案可用来跟踪学生学习情况，作为学生参加体育学习的过程性评价，并可形成学生不同学习阶段的阶段性评价，这有利于高职院校各水平学段的体育教师了解学生之前学过哪些教学内容、学到了什么程度，并据此确定今后的教学内容的选择方向。

　　高职学生的体育与健康成长电子档案中的体育教学内容指标，能够及时反馈当时体育教学内容选择的实效性，从而为体育教学内容的改革提供有力实证，促使体育教学内容进入深度改革。档案对学生学习效果进行了量化，而量化体育教学内容效果，有助于提升体育教学质量，便于社会监督高职体育教学的情况，促进高职体育教学的发展，有助于学生打牢基本运动能力的基础，以及学生终身体育意识的形成。

（三）以学生的全面发展为核心内容

　　高职应完善体育教学内容体系，关注学生生命个体的独特性、鲜活性、不可替代性。体育教学应增加学生生存技能元素，充分尊重学生生命个体独一无二的存在，用更加丰富多彩的教学内容，唤醒学生内在的本体感觉，变"由外而内的接受式学习"为"由内而外的主动学习"。体育教学原是由远古的狩猎行为演变而来的运动，当时的狩猎行为是为了满足人们生存的需要——如果不去狩猎就要忍受饥饿，因此人们狩猎回来都会欢庆。而如今人们丰衣足食，这时的体育教学要回归到"满足学生生命个体内心的需要"上来。

　　体育教学内容在注重丰富化的同时，还应注重游戏化，打造体育教学模式的良性循环。教师应改变教学内容的单一性、枯燥性，将教学内容趣味化、游戏化，让学生最先在游戏中体验，然后产生学习技能的渴望，之后学习体育运动技能并将学习体育运动技能变成本能的需要。体育教学最需要做的是还原运动的环境。在教学的初期，教育的作用应该是弱化的，主要是为学生提供良好的、安全的、有锻炼价值的游戏环境，让学生在玩中体验本我的需求，当学生跑不过、爬不上去、跳不过去的时候，就产生了学习的需求。"玩中学"的"临界点"就是体育教学的最佳点，就是体育教师教与学生学的阶段。学生提高基本运动能力后，再次游戏，再产生需求，再加以学习，从而形成良性的"需求—教学—实践—再需求—再教学—再实践"的循环模式，即"游戏体验—技能教学—应用实践—再游戏体验—再技能教学—再应用实践"的循环模式。

这个循环的周期可以是一节课、一个技能教学单元、一个单元教学、一个学期或一个学年。

总之，教师放慢教学速度，改变"为了教而教"的现实，有助于提高体育教学的质量，更重要的是能够唤醒学生生命个体内在的需要，而这是体育教学的本质，体育教学也将因此达到事半功倍的效果。

（四）根据教师能力完善体育教学内容

体育教学内容的选择需要充分分析体育教师队伍的建设情况，但不能被迫地受体育教师队伍的教学素质和发展条件的约束。

对于体育教学内容，教师只有具备强烈的开发观念，才会积极主动地了解课程研发设计人员所要求课程达到的目标，以及设计者设计教学内容所考虑的因素，从而掌握教学课程方案所蕴含的内在条件和要求。同时在教学中，教师只有具有较强的课程研发水平，才可以在课程研发的过程中，按照实际的课程实施情况对课程进行调整和完善，并弥补课程设计本身存在的不足。简单来说，只有教师具备较强的课程研发意识和能力，才可以促进教学的顺利开展，才可以更加主动地从课程编制和研发的立场来组织和执行，同时找到课程内容中不协调的因素并有目的地进行改善。

四、高职体育教学内容改革的前提

对体育教学内容的选择不是一个简单的选择问题，需要满足一定的依据。这里的依据具体指什么？如课程标准、课程大纲、教学计划、教育目的、教育政策等都是体育教学内容准入的依据。那这些依据又是从何而来的，则要挖掘其选择、实施所要代表、表达的主体愿望和意志。如继续追问，是谁的愿望和意志呢？用利益相关者理论来分析，高职院校其实就是一个利益相关者组织或利益共同体，它代表着多种利益主体的利益。

高职体育教学内容准入课程的相关利益主体，是指对体育教学内容投入人力资本和智力资本，影响体育教学内容或被体育教学内容所影响的个体或群体。

（一）应着眼于国家利益

课程是"国家权力的微观表达"。体育教学内容是构成体育课程的核心，是国家权力、意志的表达形式。国家制定有关体育课程的政策、方针、文件等对学校起着决定作用。学校作为为国家培养人才的机构，课程内容的设置必然首先要考虑国家的切身利益，满足国家的需要。

（二）应着眼于高职自身利益

高职院校追求自身利益即谋求自身生存，以求更好发展。高职作为执行课程政策、方针的机构，是实现课程由理念转化为现实的主阵地。在此过程中，培养更多高质量人才是其生存、发展之本，因而人才培养的质量关系到高职院校的自身利益。而决定人才培养质量的关键即为课程、教学内容的选择和实施。根据课程改革的要求，高职院校应严格把控课程准入关，积极开发形式多样、可供选择的内容资源，从而提高课程质量，促进人才培养。就体育课程而言，体育核心素养培养是高质量人才培养的重要组成部分，强健的体魄是高质量人才的前提条件，良好的校园体育文化可以促进高职院校更好发展。因而，高职院校应提高体育教学质量，精选体育教学内容，开发独具特色的校本课程，着眼于人才培养质量，以实现自身利益。

（三）应着眼于体育教师的利益

体育教师是高职体育教学利益共同体的主要成员，是知识的传授者，是人才培养的专业人员，直接关系到国家教育理念的落实、关系到高职的教学质量、关系到学生的学习效果。体育教师对高职体育教学中其他利益共同体的利益起着重要的制约作用，可以说体育教师主宰着其他利益共同体的利益。在高职体育教学内容的准入中，体育教师并不是教学内容的单纯实施者、被动执行者，他们更应该发挥教学内容开发、决策中的主体地位，在享有充分知情权的同时拥有绝对话语权，能充分表达自身的认识和思想，切实维护自身利益。

（四）应着眼于学生的利益

学生是高职体育教学中最直接的利益相关者，高职体育教学内容如何制定、如何实施都要实现为学生服务的目的。学生作为有价值判断、有思想、有兴趣的个体，在利益共同体中应具有表达自身意见的话语权。高职院校应在源头上满足学生的多样化需求。

此外，高职体育教学的质量也密切关系到学生的学习效果。我国由过去过于注重学科本位的价值取向向以育人为主的综合价值取向的转变、立德树人宗旨的提出均对体育教学内容的质量提出了一定的要求，这体现了体育教学内容的价值要真正回归到培养学生核心素养方面。

五、高职体育教学内容改革的保障

（一）制度保障

1. 顶层制度

就体育学科核心素养而言，我国目前正式颁布的文件是教育部颁布的《普通高中体育与健康课程标准（2017年版）》。它将体育与健康学科核心素养概括为运动能力、健康行为、体育品德3个方面，强调把培养学生学科核心素养作为课程的出发点和落脚点。它的颁布使人们对高中体育与健康课程的性质、基本理念、课程内容、课程结构等都有了重新了解和认识。而我国普通高等学校学生体育学科核心素养培养当前参照的仍是2002年颁布的《全国普通高等学校体育课程教学指导纲要》，这一纲要显然已不能为当代大学生体育核心素养的培养提供顶层指导。因此，国家应加强相关制度制定，提高对体育教学内容的管理力度，正确处理高职体育教学内容规范化和自由化之间的关系，实现高职体育教学内容有章可依、有章可循。

2. 资金制度

高职体育教学内容的调整、更新、完善离不开学校的硬件资源和软件实力相配套。硬件资源包括各类体育场地、教学用具、器材等；软件实力包括课程领导力、师资水平、校园体育文化等。近年来，各高职硬件资源得到进一步完善，尤其是西北部落后地区高职硬件实力明显提升。但是，场地器材老化、破损、失修成为各高职面临的共同难题，一些高职院校采取闭馆措施来减少损耗，甚至一些高职院校的体育设施徒有框架，不具实用性，存在严重的安全隐患。软件实力不足更是许多高职院校面临的困境，严重限制了高职的高质量发展。硬件资源和软件实力是培养学生体育学科核心素养的基石和保障，然而这些都离不开资金支持。因此，国家财政部门、地方政府、教育部门应设置专项资金支持制度，通过资金扶持，保障在实现学生核心素养的目标下，体育教学内容所需硬件资源和软件投入的进一步完善。

3. 培训制度

成尚荣先生曾于2016年指出："当前的重点还不是如何落实，而是怎么认识、怎么理解的问题。"此话不无道理。教师认识、理解何为核心素养是进一步落实核心素养的前提。目前，我国广大普通高职体育教师对体育核心素养、体育学科核心素养等问题认识尚且不足，虽已认识到教学内容要忠于核心素养，但对体育教学内容如何贯彻体育学科核心素养还处于困惑阶段，并未做到真正理解和内化。

因此，如不能从根本上对一些基本问题加以明晰，对一些操作性问题加以探讨、交流，体育课程改革将很难深入、见效。有关教育部门、行政部门要重视体育教师的培训工作，加强对体育教师的培训力度，从核心素养理念到实践方面提高培训的针对性、有效性，定期组织课程观摩、研讨活动，实现经验共享。

（二）组织保障

制度的关键在于落实，不加以落实的制度犹如纸上谈兵，而制度的成功落实离不开组织的保障。从宏观角度来讲，高职体育教学内容的准入可由教育行政部门、高等学校、体育学院共同建立课程审定委员会，在明确课程准入制度、课程标准（大纲）、培养方案、教师资质等的基础上，审定什么样的教学内容可以进入课堂，什么样的教学内容不宜进入课堂。从微观角度来讲，高职体育教学内容要符合学生体育核心素养培养目标，需要有专业的体育管理团队积极投身到体育学科核心素养培育的课程实践中。分管校长领导、体育教研组组长为主负责、各负责人可以组成管理团队，明确各自的职责与分工，全方位参与学校体育教学内容的规划、设计、实施、教研、监管等环节，深入日常体育课堂，最大限度地避免核心素养理念与教学实践之间出现"断层"现象，不断提高体育课堂教学质量，为培养学生的体育学科核心素养提供强有力的组织保障。

（三）监督保障

制度的关键在于落实，管理团队要避免制度成为"一纸空文"，需要完善监督机制来促进执行。第一，管理团队要对制度执行的组织，如课程审定委员会、课程管理团队，进行监督，主要监督其对课程管理的作为情况，监督各组织的执行力，使其充分发挥引领、示范、管理的作用。第二，管理团队要对制度执行的最终落实者——教师进行监督，监督课堂中教师对教学内容的实施情况，避免低俗、低效的内容，避免与社会主义核心价值观相背离的内容，避免不切合核心素养培养目标的内容。对"教师能讲什么、不能讲什么"进行适度的监管，既可以建立监督机制，由各管理组织和教师相互监督，也可遴选党团员代表、学生代表对两者进行监督。一旦发现组织不作为、教师教学内容欠妥等问题，应立即查实，及时纠正。

第三节　高职体育教学模式的优化

一、体育教学模式的理论阐释

（一）体育教学模式的概念

我国从20世纪80年代开始研究体育教学模式，一些体育科研工作者分别从不同的角度对体育教学模式的概念进行了定义。

（二）体育教学模式的构成要素

不同的教学理论对教学活动中的要素有不同的界定方式，这致使出现了不同的教学模式。对体育教学模式构成要素的认识关系到能否正确运用它的问题。依据不同标准，体育教学模式的构成要素可以用不同的方式进行分类。我们通过对体育教学模式概念的初步了解，发现体育教学模式不是几个要素的简单叠加，而是体育教学各要素有机结合的完整的教学模式。根据各要素的作用过程，体育教学模式应由以下要素构成。

1. 教学理论或教学指导思想

体育教学指导思想是体育教学模式的基础，是体育教学模式实践的导向。体育教学指导思想并不是一成不变的，因此体育教学模式应根据不同教学指导思想进行实践。不同的教学指导思想生成了不同的教学模式，造就了不同教学模式的独特性，也是不同教学模式的区别所在。

2. 教学目标

教学目标是教学模式的核心要素，任何教学模式都要围绕其教学目标展开。教学目标既是教学效果的体现，又是教学任务的目的，是对教学效果与教学质量的检验与评价标准。教学活动在教学目标的导向下，以特定的教学程序与教学条件开展，从而保证良好教学效果的实现。

3. 教学过程

教学过程是教学模式的具体体现，是教学模式的主要构成部分，是教学模式中各个要素相互作用、相互联系的载体。

4. 教学方法

体育教学模式中不仅要有体育教学指导思想，更要有具体的可操作的教学方法。教学方法是教学指导思想的具体表现。根据教学模式的特征，不同的教学模式的教学方法也不尽相同，且教学方法在教学模式中并不是单一的，更多的是在符合体育教学模式特征的前提下共同作用，从而形成体育教学模式的教学方法体系。

5. 教学评价

教学评价是对教学过程中出现问题的反思与改进，从而达到不断完善教学模式的目的。由于不同教学模式的教学过程以及教学方法并不相同，因此不同教学模式的教学评价也要根据教学模式特征进行设定，从而制定相对应的教学评价标准。

二、高职智慧体育教学模式的构建

智慧体育教学模式不是现代信息技术与体育教学两者简单相加，而是在教学理念、教学环境、教学资源、教学内容、课堂组织形式、教学方法和学习方式等方面相互融合。

（一）完善新时代高职体育教学指导思想

长期以来，高职体育教学模式都是以"健康第一、终身体育"为指导思想，高职院校的体育课堂只是传授体育知识、技术、技能的地方，忽视了"课程思政、立德树人"这一重要的教学思想，造成现阶段高职体育教学的实际效果和功能没有得到充分发挥。

当前，以"健康第一、终身体育、课程思政、立德树人"为育人目标的体育教学指导思想更加符合时代潮流，具有创新性和时代性，弥补了传统体育教学模式的缺失，从而实现全员、全程、全方位育人。

（二）树立以学生为中心的智慧体育教学理念

智慧体育教学理念就是以学生为中心的教学理念，教师充当学习的组织者、引导者和促进者；以学生的学习为中心，充分了解学生体育学习的需求和爱好，及时把握学生体育学习的习惯、态度、方式来调整教学的方法、手段和目标，实现精准化、个性化教学；以学生的发展为中心，鼓励学生积极主动学习，自主探究知识并内化成能力，充分利用智慧化的学习方式进行体育知识和技能的学习，培养学生的体育学科核心素养和发展能力。

（三）制定多元化的智慧体育教学目标

传统的体育教学目标忽略了学生思想品德、心理健康方面的培养，造成学生在体育精神和意志力培养方面的缺失。智慧体育教学除了对体育技能与身体素质的培养外，还需培养学生正确的人生观、价值观以及爱国主义、集体主义、社会责任感；还需培养学生的道德品质、意志力；还需培养学生的体育精神、体育兴趣等。同时，在信息技术的支持下，教师要将教学目标贯穿于课内课外体育活动与线上线下体育学习的全过程中，进一步提升高职体育教学全面育人的效果。

（四）打造以信息技术为支撑的体育教学

一方面，高职院校应建设智能化的硬件设施，例如，修建智慧化的体育场馆，安装智能化的体育器材、高清摄像头、智能大屏幕、各种智能传感器以及配备各种可穿戴设备等，保障智慧体育教学的实施。另一方面，高职院校应建设丰富的软件设施，例如，开发各种运动软件App，在电子文档、图片、视频、PPT数字化资源的基础上建设微课、慕课、直播课等开放性课程，建设内容丰富的校园智慧体育服务平台等，为智慧化体育教学提供支持。

（五）构建立体的智慧体育教学过程

智慧体育教学过程是线上与线下学习相结合，课前与课后学习相结合，校内与校外学习相结合，现实与虚拟学习相结合的过程。它不仅体现教学手段的"智慧"，更突出教学理念的"智慧"。

1. 课前准备

课前学生通过线上自学形成感性认知。教师按照教学要求将本次课的教学内容、教学任务、教学目标等发布到线上，将需要学习的技术动作、练习方法、运动理论知识等制作成多媒体课件、微视频、动画等数字化学习资源上传，让学生提前预习。教师通过校园教学平台或QQ群、微信群推送相关的网络教学视频、训练视频、比赛视频等激发学生的学习兴趣。同时，教师做好线下的教学分组，明确学习任务，设定不同基础、不同体质的学生需要达到的教学目标。通过课前的交流反馈，教师对线下的教学设计进行完善，使课堂教学更具有针对性。

2. 课中教学

课中教学以线下的实践教学为主。首先，教师利用可穿戴设备设定目标心率、最大摄氧量等运动指标，使学生以小组为单位自行设计活动内容，完成准备活动。其次，在技术动作学习环节，通过课前预习，教师在教学过程中可以少讲解多练习，在练习过程中增加有针对性的指导，通过高清摄像头对学生练习过程进行录播，投放在智能大屏幕上供教师和学生分析动作、交流互动，活跃课堂氛围。同时，教师利用人脸识别、物联网传感器、可穿戴设备将学生运动中的体征数据上传至云端，分析每个学生的练习密度和强度并投放到大屏幕上，让学生感知运动量的大小。在身体素质练习环节，教师按照教学设计组织练习，学生利用可穿戴设备监测自己的练习效果，通过实时的数据反馈调整动作幅度、频率、强度等，增加科学锻炼的经验。最后，学生在背景音乐或视频赏析中完成身体放松动作练习，体验到运动的快乐。

3. 课后巩固

课后教学以线上的辅导、引导为主。一是教师利用媒介平台与学生交流互动，对实践教学中出现的问题进行反馈，以数据为基础优化教学设计。二是教师依据实践教学数据为每一位学生开出运动处方，制订不同的运动方案与计划，指导学生课后的体育练习，也可通过视频打卡的方式督促学生经常性地参加课外锻炼。三是教师利用智慧校园平台及时提供校园体育赛事、体育社团活动、体育健身知识讲座等信息，提供国内外体育赛事在线直播、体育健身的网络培训等引导学生积极参与体育活动，使学生在体育锻炼的过程中逐渐形成团结协作、拼搏进取的体育精神。

（六）采用多元化的智慧教学评价方式

首先，教学评价主体不再局限于任课教师和学校，还应有学生互评以及社会人士和专家的点评。其次，教学评价内容除了体育知识和技能外，还应增加学生运动表现、团队合作、沟通交流等内容。再次，教学评价的标准要多元化、多维度，不用一个标准评价所有学生，突出学生的个性发展。最后，建立多元化的智慧评价方式，一是线上和线下相结合评价，通过线上大数据收集与分析得到的数据，结合线下学生的学习表现完成教学评价；二是教学结果与过程相结合评价，通过学生学习过程中的态度、习惯、方法等表现，结合学习效果进行评价。

三、高职智慧体育教学模式的实施路径

（一）加大高职体育教学经费投入

新时期高职体育教学场地和器材短缺是制约体育教学模式创新与实施的主要因素，教学场地和器材短缺的主要原因就是国家对高职体育教育教学的经费投入不充足。加大高职体育教学经费的投入可以有效推动高职体育教学模式的创新发展，从而提高学生自我积累和自我发展的综合能力，实现体育课程学习的自给自足，促进高职体育教育教学产业的健康有序发展。加大高职体育教学经费的投入是开展高职院校内部娱乐文化活动的基础，高职院校内部娱乐文化活动在21世纪不仅需要先进的体育教育教学设施，还需要具有专业技能的人力资源支持，然而各个方

面的支持都离不开加大高职体育教学经费投入的保障。各大高职院校只有具备充足的体育教学经费，才能更好地保证高职院校内部体育娱乐文化活动的有序开展，进一步引导高职学生找到适合自己的体育活动和兴趣，养成坚持锻炼身体的好习惯。

（二）挖掘校园智慧体育文化内涵

第一，高职院校要以智慧校园建设为基础，加大投入，完善智慧体育文化环境，以器材智能、服务智能、管理智能的体育环境服务全校教职工、学生，实现校园体育健身自由"智"在的文化氛围。

第二，高职院校体育工作主管领导、工作人员、一线教师、学生群体要认识到信息技术对体育教学、科学健身的重要作用，在校内积极倡导智慧体育文化的培育与传播，并主动参与实践，塑造校园智慧体育文化氛围。体育教师要树立智慧体育教学观念，在课内课外、线上线下营造智慧体育学习的环境，使学生在浓郁的文化氛围中得到锻炼、体验和升华。

（三）打造智慧的体育教学环境

高职院校要以校园信息化建设为契机，支持和保障智慧化体育场馆、智能化健身器材等硬件设施的建设，引进智能化的体育教学设备，对现有的教学设施进行更新换代、智能升级，配套物联网智能硬件设备，通过通信技术、网络互联，实现智能硬件场馆覆盖，并实现在线管理和数据化管理，同时加大智慧化校园体育服务平台和各种运动软件的开发。另外，高职院校应制定相关的政策措施，着力培养既懂信息技术又懂体育教育的教师和管理人员队伍，为智慧体育教学改革提供人才支持。

（四）构建校园智慧体育服务平台

校园智慧体育服务平台是以体育教学、管理和服务为核心，集教学、训练、竞赛、体质监测、体育健身、社团活动等模块为一体的信息服务平台。体育资源的创新性应用可以实现更广泛的体育参与和更立体的体育传播。高度信息化支持学生体育技能学习、体育兴趣培养、体育习惯养成。校园智慧体育服务平台的内容主要包括校园体育资讯服务、体育课表与成绩查询服务、体育社团管理服务、体育场馆预订服务、体质监测、科学健身等。

校园智慧体育服务平台建设的途径有3个：一是由教育主管部门统一进行平台的研发，再交付于高职院校无偿使用；二是由社会专业的机构或企业进行开发，交与高职院校有偿使用；三是学校集中力量，协调资源自行研发建设，如华中师范大学的"华大sports"移动应用平台、清华大学的"AtTsinghua"平台等。

（五）建立智慧的教学管理措施

一是场地器材的智慧化管理。及时推送智慧场地器材的使用方法和注意事项，提前预约上课场馆和教学器材，运用二维码、人脸识别等进行器材设备的发放回收等。二是教学过程的智慧化管理。按照学校要求在后台实时、动态、全程地监督和管控，严格要求课堂纪律和教学秩序，对教学过程实施远程协助，防止意外事故的发生。三是教学质量的智慧化管理。依据教学过程反馈的数据对线上线下的教学课堂、开发的教学资源、教学的效果进行分析和评估，形成客观准确的评价并提出整改措施，及时推送给教师，使其不断改进与完善教学。

（六）开发一体化的体育混合式教学模式

传统的高职体育教学通常以教育者为核心，重视学生的体能，却不够重视学生个体的体育锻炼需求，不利于学生的体育素质长久发展。"互联网+"背景下的一体化体育混合式教学模式可以改变传统高职体育教学的上述问题，"线上教学+课堂教育"能够实现优势互补，在发挥教师引导、监督作用的同时凸显学生的学习主体地位。与此同时，一体化体育混合式教学模式具备更强的兼容性，使学生的体育能力得到全面提升，更利于培养学生的体育兴趣和体育习惯，更利于学生树立终身体育观。值得一提的是，一体化的体育混合式教学模式可以更好地融入多元化的教学方法，引入各种丰富的教学资源，教师可以根据学生的个体差异制定科学的因材施教内容，更好地满足学生体育锻炼的需求。

总之，构建智慧体育教学模式能够使体育学习资源更加丰富，学习目标更加明确，学习方式更加方便，师生互动更加频繁，教学手段更加多样，学习兴趣、学习参与度与学习效率更高，使高职的体育教学改革走在时代的前列，未来可期。但由于教学过程中存在很多不确定的因素，使得智慧体育教学模式仍然处于探索和发掘阶段，需要进行系统深入的研究与持续的实践。

第四节　高职体育教学过程的优化

教学过程是指教师与学生在共同实现教学目标过程中的活动状态变换及其时间流程。人是一种复杂的个体，会受到情感、环境等因素的影响。教师在实际教学的过程中，即使在课前已经依据教学的基本规律做好了精心的备课，但是课堂上会发生什么，依然是难以预料、百分百掌握的。

一、体育教学过程的概念

体育教学过程是为实现体育教学目标而计划、实施的，使学生掌握体育知识和运动技能并接受各种体育道德和行为教育的教学程序。这个程序具有学段、学年、学期、单元和课时等不同时间概念。

二、高职体育教学过程优化的措施

（一）优化教学环境

体育教学效果的好坏既与教师和学生对教学的态度及状态有关，又与场地、器材、环境等外部条件有关。高职院校扩招造成有些高职体育场地及器材不足，这是现实存在的问题。尽管如此，高职院校体育教师可以通过主观努力来改善教学条件，按照最优化的理论，在现有的条件和实际可能的前提下使学生的发展达到最优。例如，高职院校可以通过合理安排授课项目和授课时间，来使学校已有的设备和场地得到最优化利用，从而提高教学效果。

1. 优化高职体育物质环境

（1）优化体育教学时空环境。时空环境受时间与空间因素的约束。在高职院校内部，时空环境还受到其他多种因素的影响，因此，想要优化体育教学时空环境是较难的事情。高职可以通过对体育教学方式、教学内容、教学时间等因素进行科学合理的规划，来保证体育教学活动的有序进行。

（2）优化体育教学环境的整体设施。该项措施主要包括对体育场地、体育设备等进行优化，即对体育教学活动中的基础设施进行优化。体育教学环境优化的完善程度直接影响体育教学质量。对于目前大多数学校来说，其体育场地不仅可以提供健身项目支持，还可以进行娱乐等其他活动，因此，建立完善的体育教学环境设施，可以更好地为体育活动服务。

（3）优化体育教学场地的地理位置以及自然环境。地理位置不能依靠人力进行改变，这束缚了高职对体育场地的选择。高职只能按照原有地理位置进行环境维护，对地理位置合理地加以开发利用，发挥其价值，根据地理位置及自然环境的变化实行优化策略。

2. 优化高职体育文化环境

（1）优化体育教学模式。传统的体育教学模式较为落后，导致学生对体育产生不了太大的兴趣。教师需要对体育教学模式进行创新，采取知识、趣味与体育活动相结合的方式进行教学，并采用线上、线下相结合的方式，从而实现课内外、校内外相结合的全新教学模式，从而提高学生的体育水平。

（2）获得校领导的大力支持。高职体育教学开展的顺利与否与校领导的支持以及决策有重要的关系。要想让高职体育教学环境满足体育活动的要求，需要校领导加大对体育教学的重视程度，充分认识到体育对学生的重要意义。只有校领导的大力支持，才能促进高职体育教学有效发展。

（3）营造良好的体育文化氛围。在体育教学中，教师应把学生作为上课主体，将体育文化和体育精神潜移默化地传授给学生。高职应为学生营造良好的体育文化氛围，促进学生形成正确的体育价值观及体育态度，激发学生学习体育的积极性。

3. 优化体育教学班级体制

在大多数高职院校的高年级，体育课程是选修课程。按选修课的教学模式，每个专业选修同样课程的学生会聚到一个班级进行学习。在这种模式下，由于学生人数比较多，通常达不到较好的体育教学效果，体育场地、设施以及体育教师也多出现短缺现象，学生在课堂上不能充分地应用体育资源。因此，高职应合理安排班级人数，根据教学内容以及场地的不同对学生进行合理的分班，有效提高体育教学效率，提升学生体育水平。

综上所述，良好的高职体育教学环境会对学生产生积极影响。因此，完善高职体育教学环境至关重要。高职可通过优化体育教学的整体设施、优化教学模式、营造良好的体育文化氛围、优化体育教学班级体制等策略，来提高学生学习体育的积极性，提升体育教学质量，从而促进高职体育教学的有效推进。

（二）优化师资队伍

在实施体育教学的过程中，高职可以运用科学的管理方法来调动教师工作的积极性，发挥教师的教学能力特长，挖掘教师潜力，从而使师资配备优化组合，达到整个教学团队在一定条件下的优化组合。这样可以发挥教师在教学过程中的优势，有利于教师把握教学难点，控制教学质量，遵循教学规律，优选教学方法，调节教学情绪，充分利用教学的时间，从而达到良好的教学效果。

（三）优化教学方法

优化教学方法反对夸大和低估任何一种教学方法的作用，应根据教材教学目的的要求选择合理有效的教学方法。在实践中，同一种教学方法对不同的教学对象会产生不同的教学效果，这一点是客观存在的，因此选用一种好的教学方法不仅将大大地减轻教师和学生在课堂教学中的负担，还能培养学生的学习兴趣，发展学生的思维创造能力，达到良好的教学效果。

体育教师应在全面了解各种教学方法的基础上，根据有关高职体育教学的原则、教学任务、教学内容、教材的难易程度，教师的个性特点和优势，学生的年龄特点和体育基础水平，以及场地、器材、设备等具体情况，灵活选择和创造各种体育教学方法。

教学方法优化还包括对各种教学组织形式进行合理搭配，最大限度地利用时间和空间。

（四）科学评价和调控教学过程优化方案

按照教学优化的标准，对教学优化的实现结果做出客观的判定，以确定其优化程度，是对教学优化做出的评价。它是教学过程优化的重要环节。

评价者在评价时，不仅要对各个要素进行单项评价，而且应评价各要素的联结情况和整体效果，这样才能不断调整教学系统趋向最佳状态。在教学活动的实施过程中，评价者应灵活选用测验、调查表和观察表等评价工具进行分析和判断，及时查明教学过程中出现的问题和影响教学效果的不利因素，并根据结果采取灵活措施和方法予以校正和调整，以使教学过程达到最大限度的优化。

第七章　高职体育教学主体的管理

　　高职体育教学与其他阶段的体育教学相比，具有更高的挑战性和复杂性，这是由它的教学主体决定的。因此，在大力开展体育教学之前，高职院校首先需要对其教学主体进行充分的研究和分析，然后才能制订出切实可行的管理方案，才能让高职的体育教学顺利进行。本章，我们从体育教学主体概述、体育教师管理及师资队伍建设、学生管理3方面进行阐述，以期能够对促进我国高职体育教学活动的顺利开展提供一定的帮助。

第一节　体育教学主体概述

一、关于教学主体的概述

　　在现代教育理念下，教师和学生共同构成了教学的主体，他们同时是教学活动的主导者和实践者，彼此相互协调、默契配合，最终让教学活动顺利完成。教学不再是教师单方面的输出、学生被动地接受的传统模式，而是强调"教"与"学"并重、共同推进教学活动的教学模式。因此，在研究现代体育教育教学时，首先要明确教学主体的基本特点和构成，才能真正对体育教学工作进行科学管理，只有充分了解高职体育教师的工作特点和内容，以及高职学生的发展特点和现状，才能真正做到对高职体育教学的科学管理。

二、教师主体角色的重新诠释

（一）高职体育教师的工作特点

高职体育教师面对的是即将步入社会的青年学子，他们已经初步具备了成年人的思想和价值观，形成了较为稳定的人格和性情，他们具有独立思考的能力，对教师也有更高的要求。因此，高职体育教师的工作相对更加复杂、更有挑战性，或者说也更容易获得成就感。就体育专业训练的课程而言，高职学生的体能要明显高于青少年儿童。因此，高职学生的体能训练和技术训练会有更高的要求、更大的负荷。与此同时，高职体育教师的工作除了具有一般体育教师工作的特点外，还有以下一些特殊性。

1. 任务的多样性

由于高职期间的体育课程内容相当丰富，除了必修课以外还有大量的选修课，因此，这也意味着高职院校的体育教师肩负着更多的教学任务。体育教师必须掌握丰富的体育知识和扎实的专业知识，才能满足教学工作的要求。这些教学任务主要为教授体育理论知识与运动技能，此外高职体育教师还要关注培养学生的体育健身意识、保健意识、体育欣赏能力和体育组织能力等。

2. 教学的专业性

高职体育教师的授课特点与中小学体育教师不同，中小学体育教师以发展学生的体能为主，掌握运动技能为辅，而当学生进入高职院校后，经过多年的体能训练，他们的基本功训练已经相当充分，体能基础也已经比较扎实，因此对高职期间的体育课程要提出更高的运动技能和项目技能的要求，这就需要体育教师要具有超强的专业功底和教学能力，指导学生学习更为专业的运动知识，进行更为深入的运动技能的训练。现代高职院校的体育教学除了常规的体育课外，还有课余体育活动、体育比赛、体育俱乐部、高水平运动队等不同的形式，这些都属于高职体育教学的组成部分，都需要体育教师的指导和参与，因此，现代高职院校的体育教师必须具备非常强的专业能力。对此，为了能够胜任这一角色，体育教师就要不断地完善自我、坚持不懈地精进，从而提升自身的专业能力。

3. 教学关系的互动性

体育教学的主体是体育教师与学生。而高职学生的身心发展已经趋于成年人，已经具备了较强的主体意识，在进行体育学习和体育运动时，有了更多的主动性和独立性，较少地依赖教师，他们喜欢自己去独立探索和尝试，他们更喜欢把体育教师当作顾问，在遇到解决不了的问题时，再请求教师的指导。因此，大学阶段的体育教学需要更多的师生互动、交流，偏向于对学生体育意识的启发，鼓励和支持学生自主发展体育兴趣和专项运动的能力。

4. 教学研究的重视性

高职体育教学对教师的科研能力也提出了更高的要求，高职体育的教学任务除了完成教学大纲的内容以及常规的教学活动之外，还有一点比较重要，就是他们要承担一定的体育科研工作。为了满足高职学生对发展体育运动的要求，教师必须要具备较强的科研能力，能够与时俱进，紧跟学科前沿的发展动态，努力给学生提供一流的学习体验。除了专业技能之外，体育教师还要学习外语、多媒体软件、视频编辑软件等技能。

（二）高职体育教师的工作类型

1. 擅长教学的体育教师

体育教师最基本的职能就是开展体育教学。然而，教学技能却各有不同。那些对体育教学有着最深刻理解的教师能使教学更有效果、效率更高、教学目标更易达成。这类教师更善于教学，深受学生的喜爱与认同。擅长教学的体育教师有以下几个特点。

（1）擅长教学和讲课的体育教师总体而言都一心热爱教育事业，有着丰富的教学经验，对学生的身心特点有全面的了解。教学态度严谨，常年潜心钻研业务，对学生有足够的爱心、耐心和责任心。

（2）擅长教学的体育教师表现出的另一特点是结合实际的能力很强，他们喜欢将教学与当下社会的发展趋势和新鲜事物相联系，这很符合青年学生的学习特点。另外，他们还积极学习最新的教学技术，为提高教学体验不错过任何一次提升的机会，甚至当条件不足时可以自己创造条件。他们还善于发现每类学生的学习特点，从而有助于激发和调动学生的学习兴趣，也有利于选择最适合他们的教学方法。

2. 擅长训练的体育教师

现代高职院校的高水平运动队在某种程度上就是高职体育文化的一张名片，体育教师是幕后的核心力量。高职院校的高水平运动队能够体现该校体育教师的综合能力和训练水平，这些教师能够将普通院校的学生训练出比较接近专业运动员的水平，这就是最有力的证明。一般来说，担任高水平运动队教练的体育教师，大多都拥有自己的专长项目，曾经在该项目上取得过骄人的成绩。同时，他们对相关项目也有较深的造诣。比如，乒乓球专项的体育教师可能对羽毛球或网球运动也很擅长。此类体育教师大多数拥有较为丰富的专业体育训练经历，有些甚至是退役运动员，由他们带领学校的运动训练队可以充分发挥其在运动训练实践领域的经验，对提升学校高水平运动队的综合水平具有重要的决定因素。

擅长训练的体育教师的特征主要有以下几点。

（1）具有长期的、丰富的运动训练经验，他们自己参与过专业运动员的系统训练。

（2）他们具有独特的训练方式，这种方法大多是由于其常年的个人经验的积累和总结得出。

3. 擅长科研的体育教师

高职的体育教学对教师的科研能力有较高的要求。但是由于我国体育发展路径的特殊性，体育教师在自身的成长过程中往往都在文化课方面有一些欠缺，这就为科研带来不小的障碍。但是随着教学改革以及国家对竞技体育发展策略的调整，新时代的体育教师逐渐改写了以往体育教师文化素质较低的局面。这些年轻的体育教师，他们不仅经历过非常严格的体育专业能力的训练，而且也具有较高的文化素质，这些科班出身的体育教师，基本上都具有全面的综合能力，在科研方面表现得尤其突出。

（三）高职体育教师的角色转变

随着我国教育改革的推进，体育教师在自身角色转变和认识上都有了新的提高。在社会发展过程中，教师最基本的职责是通过对文化知识的传播发挥其功能，没有文化知识传递的需要，也就不可能产生教师的职业角色。但是在新时代背景下，由于体育教学的特殊性，高职院校的体育教师逐渐地将自身角色向教学活动的引导者和学生学习活动的顾问转变。他们的工作从单纯的输出转变为与学生进行及时、灵活的互动交流，从而使教学活动更加生动、更加重视时效性，同时，这也意味着对体育教师提出了更高的要求。他们要具备广泛的知识，并且能够以生动形象的语言进行概括和总结，通过课堂教学等形式以最快、最有效的方法传授给学生。并且能及时解答学生提出的各种问题。在教学活动中，教师是发动、指导、评价学生学习活动的指导者和参与者。

同时需要指出的是，在现代社会，由于社会结构和教育结构的复杂性，教师需要适应多种多样的社会角色。教师不是作为单一角色出现的，而是一个"角色丛"或"角色集"。这就要求教师要协调好各种角色的关系，履行好角色的职能。

（五）高职体育教师的时代特色

和以往相比，我国高职体育教师在各方面都发生了显著的变化，这种变化也时常给人带来惊喜。随着我们国家综合实力的提高，教育普及的力度加强，国家在发展竞技体育方面给出了全新的指导意见。这些都逐渐显现出成效，比如，以往由于对运动员文化素质的培训欠缺，导致我们的体育教育也深受影响。以往的高职的体育教师尽管具有过硬的专业水平，但是文化积累薄弱，长期来看严重制约了高职体育教学的质量。在新时代背景下，我们年轻一代的体育教师基本上都是受过高等教育的专业人才，他们不仅具有强大的体育专业基础，还在其他学科也接受了同样的教育，是真正全面发展的体育人才。这为高职教学注入了强大的活力。现代的高职体育教师，是一群充满活力、热爱教育事业、综合素质水平较高的体育人才，他们是我们这个时代的体育教师的典范，也是国家体育事业发展的希望所在。

三、学生主体地位的再认识

（一）尊重学生的独立自主性

高职学生是一群具有独立自主性的年轻人，在高职体育教学中，应该从学生的个性化发展需求出发，尊重学生的独立自主性，这是体育教育中实现学生主体地位的核心。体育教师应该在教学互动中鼓励学生主动地发展体育兴趣和体育技能，在教师的科学引导下，学生通过动手、动脑、动口等一系列的独立活动，充分地发展自身的各方面潜力，以兴趣为主导，逐渐地完善在某一方面的技能。体育教师必须给予学生充足的时间和空间，大胆放手让学生自己去尝试和实践，从而形成深刻的印象，教师要同时引导学生自主练习、独立研究，去逐渐积累经验和提高能力。在体育教育中，教师要让学生学会独立思考、自主练习，而不是等教师告诉他该做什么怎么做，在教学活动过程中要使学生感到自己必须对所学的内容做出判断和选择，并对其负责。

比如，教师可以通过布置思考题来引导学生的自发学习意愿。

（1）为什么会这样做动作？

（2）怎样避免失败，如何增加成功完成的机会？

学生通过思考这一类问题，并且和同学展开讨论，根据自己的结论进行学习实践，这有利于独立自主学习习惯的养成。

（二）发展学生的主观能动性

现代体育教学追求对学生主观能动性的培养和发掘。教师一边进行体育知识和技能的引导、讲授和讲解，一边也在培养学生的主观能动性、积极性。这主要体现为在教学中创造一种有利于学生主动学习和探索体育知识技能的氛围，从而促使学生认真地投入体育活动，能自我激发身心潜能，主动钻研、尝试、总结经验教训，使教育活动具有高效性。另外，教师培养学生主动运用现有的知识基础对自己新的学习活动产生一个相对有效的监控和评价能力，学生可以通过反思进行归因，并据此调控学习策略和学习方法，经过反复实践，逐渐形成自己的学习方法体系，并将这种方式迁移到其他方面的学习和生活中。

（三）培养学生的创造性学习

为了真正落实学生作为创造性主体的地位，教师可以从以下两个方面着手。

（1）体育教育本身就具有民主性、包容性和开放性，发展身体素质和运动技能，本身就是非常个性化的过程。因此，体育教学活动非常适合培养学生的创造性。教师帮助学生立足自身的身体情况和兴趣爱好，大胆地发散思维和打开脑洞，使用具有创造性的方法进行学习和探索。教师可以发挥引导、监督的作用，只要能够保证学生的身体安全，可以宽容学生的"想入非非"，即使是离经叛道也不要过早评判。

（2）培养学生的批判精神，敢于质疑权威，不会盲从，不要放弃自身独立思考的权力。要学会用批判的眼光看待事物，积极吸纳其中合理的部分，质疑和摒弃不合理的地方，这是培养创造性的前提。

（四）鼓励学生进行自我发展

这是体育教学中全面实现学生主体地位的最终归宿。作为高职的学生，他们已经具备了较强的学习能力和思维能力，在教师的适当引导下，他们可以很好地自我发展，尽管在这一过程中可能会遇到很多困难，但这正好可以锻炼学生意志品质，培养他们的逆商和乐观精神。作为即将步入社会的青年人，他们的自我发展已经开始，通过高职的体育教学，可以帮助他们正确认识学习过程中的障碍和挫折，这也是挖掘自身潜力的重要途径。因此，学生作为具有发展性的主体，它强调以下3层含义。

（1）高职学生基本成年，但是还需要经过大量的实践活动才能逐渐让身心发展成熟，通过体育教学可以促使这样过程的顺利完成。

（2）高职学生在自我发展的时候，难免会出现不当的行为和认知，体育教师应该及时指出和纠正，让他们回到正确的轨道上。

（3）学生的可塑性很强，在练习过程中难免遇到困难挫折，教师应引导他们正确对待和克服，以利于更好地实现其发展性的主体地位。我们应该认识到，由于学生智力差异、身体差异、经验信息的丰富多样性，社会和教育价值引导的多向性以及个体接受的选择性，使得学生成为具有巨大发展价值的主体。

比如，在耐力跑的训练中，因为学生的身体基础条件不同，学习进度会有明显差异，但是，造成每个人成绩落后的原因千差万别。这时候教师可以进行引导，帮助学生主动思考，找到限制成绩的主要原因是什么，以及该怎么克服。比如，有的同学是因为肌肉力量薄弱，需要加强腿部以及核心的力量训练，而有的同学是因为心肺功能差，肺活量低，那么可以通过练习游泳提高肺活量来调节。但是需要注意的是，在这个过程中，教师不能直接给出答案，应该培养学生自我探索的能力，教师可以及时地给予点拨，引导学生找到克服困难的方法。

通过体育教学中的自我发展，学生能够学到解决问题的能力，而不仅仅是解决了问题。这有助于青年学生日后在生活中、学习中以及工作中遇到困难时，更加自信、自主地寻找解决复杂问题的方法。

第二节 体育教师管理及师资队伍建设

一、体育教师的管理原则和方法

对体育教师的管理是整个高职院校管理系统中的子系统，它具有自身的规律、原则、方法等。对教师的管理，是指学校的管理者通过对教师的管理从而实现对体育教学工作的管理、对学生及学校的管理。然而对教师的管理与普通企业中对员工的管理不同，它需要符合教育领域的特殊要求。一般包括管理原则和管理方法两个主要方面。

（一）体育教师的管理原则

根据教师工作的性质、特点、教师心理、现代管理学的理论，以及长期的实践经验，教师管理应遵循以下4种原则。

1. 合理安排原则

每个教师都有自身的优势和特点，因此在安排工作时应该从教师的个人特点出发，做到扬长避短，发挥出教师的最大潜力。只有在合理安排工作的情况下，教师才会在工作中找到价值感和归属感，才能全身心地投入教育事业，才能享受工作过程，与学生建立起融洽和谐的师生关系，这是现代管理所提倡的一点，也是非常符合体育教师的管理原则。

2. 激励原则

所谓激励，一般是指一个有机体在追求某些既定目标时的意愿程度，它含有激发动机、鼓励行为、形成动力的意义。对教师进行激励会提高教师的工作热情和积极性。因此，这一原则要求高职院校的管理者在管理工作中，当教师的教学活动取得突出成绩的时候，应及时给予肯定和认可，通常是以适当的精神奖励或者物质奖励的形式体现。合理的激励是对教师辛勤付出的一种肯定，当教师感到自己的努力被看见、被赞赏，他们会更加积极地投入日后的工作，这样就可以形成良性循环。

3. 按劳分配原则

按劳分配也是保证管理工作公正的最基本的原则之一。这一原则要求通过按劳取酬、优劳优酬，调动和保护教师的积极性，调节教师之间的关系。

4. 定期规划原则

这一原则要求教师的管理者对于教师队伍的建设和规划有目标、有举措，在对现状和发展统筹加以分析的基础上，做好有关环节的控制工作。

（二）体育教师的管理方法

高职院校对体育教师的管理，与教师对学生的管理有着类似之处，也有不同之处。相似的方面是，无论教师还是学生，如果没有纪律和约束，很难保证长期都能按照一定的要求和标准进行工作和学习。懒惰是人的天性，尽管有极少数人有惊人的自律，但是管理工作面向的是全体，因此，高职院校必须要考虑到共性的问题，并找到相应的方法进行有效管理。

1. 用法律法规对教师进行管理

法律法规是管理工作的基本前提，具有普遍性、规范性和强制性等特点，因此适用于社会领域的一切行业和职业管理。在遵守具体的教育行业的规则制度之前，教师必须遵守国家法律法规，从一个合法的公民做起。

在教育和体育的法律法规中，关于体育教师的若干条款及规定，是进行体育教师管理的法律、法规依据。依法办事，能保障教师的合法权益，也能使教师的言行举止得以约束、规范。

2. 运用行政职能对教师进行管理

行政组织是受国家和人民委派，专门从事某项事务管理工作的组织，因此它施行的管理具有权威性、指令性、针对性和自上而下等特点。行政组织管理职能的充分发挥，能够使教师管理的工作保持一定的稳定性和组织性。

3. 以岗位轮值方式进行管理

在高职院校的教学实践中，人们发现真正能体察教师的人正是教师自身，只有在体育教师的岗位上进行长期的工作，经历过日复一日的工作洗礼，和学生们长期地互动交流，才能真正了解体育教师的辛苦和需要。因此，轮值管理的原则就是建立在这一基础之上，定期地轮换管理岗，让每一位体育教师都有机会管理教师队伍，让每个人的合理主张都得到充分的认识和发挥，这是对体育教学最直接有效的方式。

另外，管理岗位也有不为他人所知的难处，如果体育教师仅仅有教师的视角，而不能理解管理者的难处，那么有可能会对管理者的要求不理解、不支持、不配合。这对教学工作也会形成消极影响。这一原则的实施有助于拓宽管理者的视野，减少隔阂与误会，同时，还能有效地提升管理效率。

二、体育教师的管理方法

体育教师的管理可分为个体管理和群体管理两方面。对教师的个体管理，是指学校关于教师的选拔、培养、考核及聘任过程的管理。对教师的群体管理，是指学校对于教师整体队伍结构的优化，充分发挥教师功能的管理。教师的个体管理与群体管理是相辅相成的，多数情况下是融为一体的。

（一）体育教师的个体管理

体育教师是学校体育教学或工作的直接执行者和组织者，是学校完成体育教学任务的主体。对教师的管理直接影响着教学情况，因此，必须引起足够的重视。一般而言，学校要从对教师的个体管理工作抓起。通过选拔、评估、审核等方式，为学校和学生筛选出合格的体育教师。

1. 体育教师的选拔

体育教师的个体管理是从教师的选拔工作开始的。在选择过程中，学校要遵循一定的原则，这样才能保证被选拔出的教师具有较高的水准，符合我国教育部门的相关规定。

（1）德才兼备原则。对体育教师的德才的定位，从"教师"与"体育"两个方面进行考核。它要求体育教师既符合教师的标准，又要有过硬的专业技能，并且能够将两方面有机地结合起来，并在教学中进行合理的运用和发展，以保证教学的顺利完成。总之，由于体育教师职业的特点，在进行选拔时，学校必须坚持德才兼备的原则。

（2）有突出成绩者优先原则。教师肩负着为国家培养人才的重任，教师的水平不够，也影响和制约着人才的培养，因此，学校必须选择最优秀的人才担任教师的职责。但是评定一名教师是否优秀，在实际操作中有各种具体的问题，因此很难界定。那么，就可以通过考察教师过往的成功表现来作为重要的参考因素。就目前而言，在我国，教师一般是一经入选，就被确认为有教师资格，不论其经过一段时间实践是否适合教育工作，预备期一到一律定为助教，这必然带来教师质量不高的后果。因此，在选择教师时，学校要重视其过往的实际成绩，碌碌无为者或者对教育没有热情、只是想寻求一份安稳工作的人，应及时解聘，这才是对学校和学生负责任的做法。

2. 体育教师的职称评定

体育教师的职称评定是管理工作的重要组成部分。体育教师的职称评定应同其他学科教师一样，根据上级有关部门的要求，应经常化、制度化，并具有连续性。

多年来，评定职称工作主要是从思想政治、学历、工作成绩以及经验等方面进行考核，但是难免还不够全面，难以真实地评定一个人才是否真的具有与职称相适宜的能力。因此，今后的评定工作还应该理论结合实际，比如要对教师的教学与科研、理论知识与授课能力等多方面进行评估，考核体育教师必须以业务能力、学识水平、工作成就、学生反响等为主要依据，防止片面地论资排辈的倾向，主次关系不能颠倒，要坚持不拘一格地选拔人才。

3. 体育教师的考核和聘用

体育教师的考核是指个人的德、能、勤、绩诸多方面在一定时期通过一定方式接受测评。聘用是指聘请教师担任一定的教学任务。对教师进行考核的重要目的之一就是为了聘用。考核和聘用有利于增强教师的责任感和进取心，有助于教师对自身的竞争力有清醒认识，并激励其不断努力提高内在动力。考核过程中需要把握的原则有以下几点。

（1）坚持全面衡量、各有侧重的原则。

（2）坚持实事求是、具体分析的原则。

（3）坚持在发展中看质量的原则。

（4）定岗定编、按岗聘任的原则。

（5）量才使用、职能相称的原则。

（6）优化结构、提高效益原则。

（二）体育教师的群体管理

有了优秀的教师个体在某种程度上奠定了高职教育的基本品质，然而独木不成林，个人是否能够发挥出最大潜力，还取决于其所在的群体。在现阶段，我国高职教师主要是以集体的形式发挥作用。所以，加强教师群体管理与加强教师个体管理同等重要。教师群体管理的核心问题是结构问题。结构是构成整体的要素及其相互之间的关系。如果结构合理，教师和队伍整体的功能就能更好地得到发挥。如果结构不好，不仅教师个体的才能不能得到发挥，甚至群体也呈现负面效应。因此，在进行教师的群体管理时，结构是重心。好的结构能够事半功倍，让绝大多数教师都学有所用，且能够产生强大的内在动力，保持自身业务能力的不断提升。良好的群体效应能在教师群体中发挥知识互补、能力互补的作用。

1. 体育教师队伍的结构

（1）合理的年龄结构。体育教师的年龄一般为20多岁至60岁。每个年龄段的教师具有不同的职业优势，比如，二十几岁的年轻教师，他们自身也才刚刚毕业不久，是充满活力的一个群体，和年轻的学生之间几乎没有代沟，很容易和学生打成一片，对教学来说是有利因素。年长的体育教师有非常丰富的教学经验，并且已经形成了成熟的个人风格，对学生的管理能够有权威感，因此，在教学中更容易得到学生的信任和服从。因此，高职院校应该合理布局不同年龄段的体育教师群体，让每个年龄段的教师都发挥出其特有的优势，最终使整体的教学水平保持在较高的水平。

（2）合理的专业结构。不同专业的教师的比例及其相互关系状况，标志着教师队伍胜任教学、训练和科研的能力程度。由于各种原因，我国体育教师的学历构成状况呈较低水平，那么很难在学历方面进行十分严格的、硬性的管控，因此，专业能力的权重得到提高。原则上，高职教师群体的专业结构要适应现有教学和学校发展的需要，学校对于一些新上的专业或者项目，应该量力而为，不必盲目跟上。而对带有本地或本校特色的体育项目，学校则应该加大发展力度，配备一定数目的相关体育教师。

另外，专业配置也是一个动态过程，今天合理的结构，到明天可能就不合理了。因此，教师群体结构是处于变化之中的结构，要随时保持灵活的发展态势，做好动态控制，使教师队伍结构在动态中保持合理。动态控制一般有以下3种方式。

①确立科学的结构标准，按标准控制。

②找准关键点和关键环节的控制。

③建立高效的工作机制。

2. 体育教师的进修提高

作为一名体育教师，基本修养就是保持自身专业能力和综合文化水平的与时俱进，教师要自觉地、不间断地进行学习和钻研，保持与国际上该专业的发展相同步。这样才能带给学生第一手的、新鲜的专业知识。但是，这不能紧靠教师个人实现，需要高职院校建立完善的继续教育机制，保证体育教师系统地、持续地成长。体育教师应该同其他学科的教师一样，有大量的、多维度的培训和交流活动。

作为体育教师，要树立终身学习的思想，不断地进修、提高，坚持知识更新和自我教育。努力进修提高既是教师个人的行为修养，也是学校关于师资管理中必不可少的工作内容。教师进修提高抓得好，有利于教师队伍合理结构的形成，有利于出名师、办名校。

高职院校在开展教师进修和继续教育工作中，应该做到有规划、有组织、长期稳定地进行，同时，又要保证因人、因时、因地而异。体育教师的继续教育可以从以下几点入手。

（1）提高体育教师的综合知识水平，包括教学、心理学、营养学等，还要不断提高教师的专业技能，并使能力保持在一定的运动专业水平上。

（2）加强提高体育教师的教学能力，保证让他们的专业知识与能力得到很好的输出，能够与学生建立融洽的、紧密的教学关系。

（3）帮助体育教师保持一定的社会敏感度，对新思潮、新文化要及时关注。

（4）帮助体育教师取得新的资格，使每个体育教师都能发挥其特有的才能。

（5）提高体育师资队伍的工作热情，教师要怀有对体育教学的热情，发挥体育教师的积极性和创造性。

三、体育教师队伍的建设

（一）体育教师队伍的规划管理

在进行体育教师队伍管理时，对整体的规划管理是工作的第一步。

高职院校的体育教师并非仅仅传授体育知识和技能。他们的工作既要建立在一定的理论基础之上，又要有丰富的实践支撑，对学生的教学基本上呈现一种理论结合实践的循环上升态势，因此，高职院校的体育教师是一群具有较高专业水平和教学水平的教育工作者。但是，为了保证教学的科学性与严谨性，学校仍然需要在教学准备阶段的初期做好规划管理。主要内容具体如下。

1. 制订体育教师编制计划

可以作为体育教学内容的项目非常丰富，但编制者要了解哪些内容最有利于学生的体育发展，将这些内容遴选出来，进行加工和编制就显得非常重要。为了确保编制内容以及教学实施过程中的科学性，必须确定一个统一的标准，此外还要考虑到本校的实际情况，包括校本体育资源、师资的具体情况以及学生的实际接受能力，尽量避免出现编排的教学内容可操作性较差的情况。

2. 制订体育课时工作计划

课时工作计划是具体实施体育活动的教学文件。因此，课时工作计划就是教学的最直观的表现，在制订时，制订者一定要遵守相关的原则和标准，从而保证教学的直观性、易懂性、可操作性和适应性等。由于现代高职体育活动形式异常丰富，因此，在制订体育课时工作计划时，除了正式的体育课堂教学内容外，计划还应包括课余体育锻炼、课外体育俱乐部以及校际定期比赛活动等，对这些内容都应该做好相应的规划和安排。这是对体育教师工作的最具体的管理。

3. 制订体育教师培训计划

在高职体育教师队伍的管理中，制订体育教师的培训计划也是重要的环节。培训计划从时间长度上可分为短期培训计划和长期培训计划，从培训形式上可分为在职培训和岗位培训。

短期培训主要是针对当前最新的教育发展动向、学科进展以及具体的某些教学技术的普及和培训。而长期培训计划是指对教师职业发展的长期规划，比如攻读学位的计划。其中攻读学位的培养计划主要在体育专科院校中较为常见，培训的对象通常是体育教师，也可以是在体育领域颇有造诣的学生。这是一条切实提升我国体育教师水平的重要途径。

在职培训和岗位培训主要表现在以下两方面。

（1）在职培训：在职培训是指在职务岗位上利用课余时间参加的培训。

（2）岗位培训：这是为了适应体育教学的需要，为体育教师提供的一种有目的、有组织的培训活动，以期使体育教师通过参加此类培训活动达到体育教学的基本任教资格。在通常情况下，这类岗位培训是脱产完成的，大多数为上岗之前进行的培训。

4. 制订体育教师引进计划

高职院校的人才引进也是发展和管理体育教师队伍的重要途径。高职院校要制订相关的人才引进计划，要制订出科学的引进标准和引进流程，人才引进是长期工作，必须重视，从做好规划做起。这其中有很多方面需要注意，但最重要的就是要注意人才引进需要具有层次性，以确保高职体育人才的全面性和可持续性。

5. 制订体育学术交流计划

制订体育学术交流计划是促进体育教学持续发展的重要动力来源之一。现今各个学术领域中的交流活动众多，它们不断地为学科发展补充新鲜血液，推动着该领域不断地向前发展。体育学术交流也应积极地开展起来，让体育界、教育界各方能够通过交流共享信息、互通有无、促进研究。为此高职院校应该对这些交流活动有一个明确的计划，这是保证交流活动正常开展和有序进行的基本保障。

（二）体育教师队伍的选拔管理

体育教师作为体育教学的主体之一，对课堂的组织、教学、控制和管理有着较多的决定权。因此，体育教师对课堂教学的效果会起到决定性影响，那么，对体育教师的选拔工作显得异常重要。在进行选拔时，学校应严格遵循以下两个原则。

1. 师德为先原则

作为一名教师，师德永远是要考虑的第一标准。它要求体育教师除了具备基本的体育理论与技能外，在思想意识、道德水平以及生活方式等方面都应该有较高的水平，只有这样才能胜任教书育人的岗位。将师德为先作为选拔体育教师的原因，主要在于许多体育教师是运动员出身，早期文化教育方面的欠缺，这可能会让他们的自身成长具有一定的局限性，甚至没有养成良好的行为习惯，如果不严加控制，则可能给学生带来负面影响。

2. 公开公正原则

体育教师的选拔一定是建立在公开公正的基础之上的，这个原则具体而言就是要求选拔渠道的广泛性、选拔机制的合理性、选拔过程的科学性等。对体育教师的选拔既要重视理论，也要重视实践，另外，学校在选拔中要严格执行选拔规则，公开公正地选拔人才。

3. 体育教师聘任管理

合理聘任优秀体育教师，能够对教学工作的进行和教学工作质量的提高起到积极的促进作用。这是保证体育教学工作顺利开展的重要管理内容。为了保证聘任到的体育教师拥有较高质量，能适应体育教学实践的需要，学校应遵循以下几点原则。

（1）按岗聘任。聘任逐渐由"以人为中心"转变为"以事为中心"，从注重个体发展转变为注重整体结构与功能的优化。学校通过对体育教师岗位意识的强化以及体育教师职责的明确，来避免岗位设置不明确、职责不清的情况。

（2）职能相称。体育教师的专业各有不同，这里所谓的专业主要是指体育教师掌握的项目技能，或是研究领域。为此，在选择体育教师时就要充分考虑到学校体育教学的实际需求，选择出与教学计划的需求最匹配的教师，将他们的特长充分发挥出来。

（3）职称评定。根据体育教师的综合能力给予他们符合自身素质水平的职称，这是激励体育教师再接再厉、激发他们工作热情的良好方式。

第三节　学生管理与发展

一、高职体育教学中对学生的管理

（一）学生管理的原则

在高职体育教学中，学生管理是工作的重心，它涉及多方面的内容，具有复杂性、持续性等特点。在长期的实践中，总结出如下几项原则。

1. 增强体质原则

体育教学的根本目的就是增强学生的体质，培养良好的运动习惯，掌握一些主要项目的运动技能。因此，对学生的管理需要围绕在这一原则进行。通过一定的训练方式，教师逐步培养学生掌握一定的运动技能，塑造身体形态，形成自身的运动偏好和风格。教师可以通过丰富教学内容、教学形式等手段提高学生的主动性和积极性，但无论选择哪种内容或者教学形式，都应该重点关注学生的体质发展情况，并对学生进行阶段性的体质健康状况评价，给学生科学有效的反馈数据。

2. 增进健康原则

增进健康原则需要全方位地对学生的学习和生活进行管理，一般包含以下几方面内容。

（1）督促学生养成规律的运动习惯，保证每人每日1小时的运动，循序渐进并持之以恒，逐渐发展出较高的运动技能。

（2）学校应积极提倡学生养成规律的生活作息，不熬夜，保证充足的睡眠时间。

3. 普及为主原则

普及为主原则是指在高职体育教学与竞赛活动发生冲突时，应该明确，高职的体育教学与职业运动员不同，应该以发展身体素质、增强体质为主，比赛成绩为辅，切莫本末倒置。

4. 全面发展原则

学生管理的另一个重要原则是全面发展原则。高职的体育教学是促进学生全面发展的有力手段，因此不要冒进地追求运动成绩，普通高职院校的学生应该将体育运动作为在校学习的一个均衡器，在学习书本知识和锻炼身体之间达到某种协调或者平衡，从而促进学生的身心全面发展。

在体育教学中，学生管理要落实在体育教学、训练活动、竞赛任务等方面上。宗旨是提高身体素质与体质健康，促进学生所有系统、器官的协同发展。此外，教师还要对学生进行美育教育，包括运动美、体态美以及审美等，从而提高学生的审美、爱美能力。

（二）学生管理的内容

1. 体质健康管理

体育教学对学生管理的首要内容就是体质健康的管理。青年学生正是生机勃勃的年龄。由于学业压力大，精力旺盛，反而容易在不知不觉中透支健康，比如过量运动、休息不足、睡眠不足、营养不良等。因此，高职院校应该重视起对青年学生体质健康的管理工作，主要有以下几方面内容。

（1）健全组织机构。在高职体育教学中，高职院校要健全组织机构的职能，针对学生的身体健康做定期的检测和评估，包括身体形态、生理机能、身体素质、运动水平等检测和评估。

（2）建立管理制度。学校管理部门应建立并完善学生健康管理制度，组织学生体检后将检查结果记录在学生档案内。此外，学校要重视对体弱群体、患病学生等的健康管理，应安排医务室医生和教师对他们进行专项管理，师资力量雄厚的学校可以开设保健康复体育课程，将体质健康管理工作顾及全方位。

（3）加强健康教育。高职院校应设立专门的卫生健康管理部门，充分做好对学生的健康教育和宣传工作，把对学生的健康教育培训作为一项长期的工作内容，培训内容包括个人生活习惯、防疫常识、营养保健、心理卫生等方面，以进一步提高学生的个人健康意识。

（4）建立健康档案。从入学开始，学校应该每年对学生的整体身心健康情况做全面的评估，并设立相应的等级，从高到低，范围从大到小，按照学院、年级、专业、班级、个人的顺序整理全校学生的体质与健康档案。这样的整理可以方便教师和学生日后随时进行查询和阅览。

（5）常设卫生防疫站。按照班级或者宿舍等不同的单位对学生进行卫生健康管理。比如，每个宿舍楼应该常设卫生防疫室，提供消毒用品、口罩等物资，可以方便学生取用。

2. 课堂纪律管理

课堂纪律是一个老生常谈的话题，教师对课堂纪律的管理常常能侧面反映出这一班级的成绩情况。比如，教师的课堂秩序有序且活泼，那么说明学生的学习积极性较高。因此，加强教师对课堂纪律的管理艺术，也是对教学效果的保证。做好学生的纪律工作是提高教学水平的关键，在大部分学科中都存在这个规律。

（1）教师需要在正式上课之前，就向学生明确课堂纪律的具体要求，并且严格要求，执行到位。常见的要求如下。

①学生在上课之前必须换好运动鞋和运动服，如果教师还有其他要求，都需要在课前准备充分，如有问题需在课前与教师或者班长沟通协商，不要把问题带到正式课堂上。

②学生在体育课上除了必要的运动装备以外，如运动手表或心率带，不准佩戴其他任何饰物，尤其是金属的、有尖锐部位的如戒指、钥匙、项链等。

③课堂上不做与教学内容无关的事情。

④不逃避训练，坚持完成教师安排的学习任务和训练内容。

（2）教师要随时维护课堂纪律，保证课程顺利有效地进行。

①教师在教学过程中要求学生自觉遵守纪律。

②学校要在教学安排上有明确的教学纪律。

③体育教师要及时地反馈教学情况，包括学生在遵守纪律方面的表现和努力。对正面的表现进行表扬和肯定，对负面的要及时指出和纠正。这样长期地执行下去，会有利于学生形成自觉和自律的好习惯。

（3）培养体育骨干。在体育教学中，教师要大力培养骨干分子，发挥他们的带头作用。作为体育骨干分子，要大力协助体育教师的班级管理工作，从而提高教师体育教学的质量与效果。

（4）注意教学层次。体育教师要结合学生不同的身体条件来制定切实可行的教学目标，并采取有针对性的教学方法和手段，保证良好的课堂纪律，促进教学质量的提高。

3. 课外体育活动管理

除了体育课之外，高职院校还应该安排丰富的课余体育活动，培养学生的体育兴趣。在活动安排之前，教师应该对学生进行全面的调查和访问，对近期的学习情况进行了解，在这一前提下，应根据学生的实际情况和兴趣特点开展各项体育工作，从而使活动更有效率。对课外体育活动的管理，需要学校和体育教师，以及其他学科的教师进行充分有效的沟通协商。一方面，这有利于校方对活动的支持，包括人力、物力、管理等各个方面；另一方面，也能保证选择一个适当的时间，比如安排在课业不那么紧张的时间段，这样能保证学生全身心地参与到课外体育活动中，得到最佳效果。在管理学生的体育课外活动时，学校应该重点把握好以下几个方面的原则。

（1）需要性原则。高职学生有对课余体育活动的需要，而且这种需要具有多重意义，包括提高运动技术、锻炼身体、优化身体形态、获得满足感、锻炼社交能力、放松休闲等，而学校开展的丰富的课外体育活动基本能满足这些需求。

（2）多样性原则。课外体育活动通常是学生自主的行为，因为，为了能够充分地调动起学生的参与欲望，学校应该在一定程度上保证课余体育活动的多样性原则，通过给学生多样的选择，让他们可以从自身的兴趣出发，并且能够根据实际情况进行选择和调整，让他们可以得到多方面的锻炼，积累不同的经验等。

（3）指导性原则。虽然学生参加课外体育活动是自主行为，但是体育教师也有义务帮助学生选择适合的项目，对学生的技术进行必要的指导，以及提供安全运动的相关知识等，以保证学生在进行课余体育活动的过程中，具备相应的安全意识和安全知识，让课余体育活动顺利地进行，从而真正实现让学生享受体育运动，并逐渐增强体质、发展身心。

（4）可行性原则。可行性原则是指学校和体育教师在安排设置课外体育活动项目时要从实际出发，要结合学校的场地、设施、人员等客观情况，以及学生的个性化需求等主观因素，要经过全面的、周密的思考和设计，要保证课余体育活动的可行性，明确活动可以执行多长时间，以及可以容纳多少学生参加等。

4. 学习评价管理

教师应该及时地、恰当地给予学生学习评价。即使是课余体育活动，教师也应该适当地给出评价和反馈，这是为了帮助学生建立起良好的学习模式，即每一次的学习和努力都应该知晓其结果。这样有利于学生对自己的每一次付出都形成相应的预期，长期坚持可以形成良好的学习习惯。

教师在对学生的学习进行评价时，要按照一定的标准，比如达标情况、成绩、学习态度以及学生的自我评价和学生之间彼此的评价等。

（三）学生管理的方法

1. 奖惩法

奖惩法是指用表扬和批评、奖励和惩罚的方式对学生的行为进行有效管理的一种方式。奖惩法的合理使用对于教学质量与水平的提升具有很大的帮助。比如，教师可以在教学过程中，对表现优异的学生进行鼓励与奖赏。学生犯错时予以批评指正，如果严重违纪要进行警告与惩罚。

2. 隐性管理法

隐性管理法是指除了明确的教学目标、教学任务、教学过程所要求的那些规定，以及教师在课堂上下对学生的管理之外，非直接的一种影响学生心理状态和行为选择的管理方法。它是以间接的、隐蔽的形式，对学生产生潜移默化的影响，使学生在觉察、醒悟、理解之后，行为或思想发生变化。隐性管理法大致可分为以下几种类型。

（1）动作启发法。教师是言传身教的职业，因此，除了讲课的直接语言之外，在体育教学中，体育教师的肢体动作、态度、表情等都会传递出一定的信息，而这些信息会被学生直接捕捉到，并会进行一定的内化，从而对体育教学效果产生一定的影响。

（2）情感交流法。人是具有情感的动物，青年学生的情绪更是丰富而充沛，因此，体育教师可以通过情感交流的方式来增进教学和对学生的管理。在体育教学过程中，学生可能会有消极的举动，如厌学、学习懈怠、对体育成绩自暴自弃等，这些负面情绪会对教学造成不良影响。因此，体育教师应该在课堂上努力调动和影响学生的情绪，通过情感交流，唤醒学生的学习热情，提高教学质量。

3. 柔性管理法

柔性管理法是现代管理的方法之一，与传统的刚性管理法相对，它们之间有着本质的区别。刚性管理法主要指计划、组织、协调、控制，它体现的是权威性和强制性，而柔性管理法更重视对心理层面和行为规律进行研究，将教师的意志转化为学生的需要，从学生的角度出发，理解、激励、接纳学生的真实想法和感受。作为教师，应该主动地关注学生的心理变化，并及时进行疏导。从整体来看，柔性管理在教学中的应用具有以下要求。

（1）个体重于群体。学生的兴趣、爱好、性格、身体素质、运动能力等都各有不同，但是每个个体都应得到同等的重视，这就要求体育教师能够因材施教，在现代教育理念下，要理解学生的差别，注重学生的个性发展。而传统的"一刀切"式的教学方法显然是低效的、不科学的。近年来，很多高职院校都按照学生特点采用分级教学、专项教学等个性化教学组织形式，这很好地尊重了学生的个性化学习需求，真正地体现了个体重于群体。

（2）内在重于外在。体育教学的学生管理包括外在管理和内在管理两种方式。外在管理包括课堂纪律、教学要求等，属于物化的管理形式，具有强制性。内在管理的核心是强化学生的学习动机，它能够提高学生的积极性、自主性和能动性。因此，体育教学的观念要从"强制"转变为"引导"，确立学生的主体地位。

（3）肯定重于否定。在对学生的管理中，肯定与否定是常见方式。在柔性管理中，肯定要重于否定。人们都渴望得到尊重，其中包括别人对自己的关注、接受、支持、赞许等，同时也包括自尊自爱，如果满足不了这些需求，人就会有自卑、无助和软弱的感受。因此，教师在评价学生时，要充分肯定其长处，这不仅能满足他们的内心，而且能使他们更加自信。

二、学生的发展

（一）发展学生的个性

在体育教学中，发展学生个性的方法有多种，掌握运动技能和发展体能，都有可能发展学生个性，但在体育教育、教学的过程中，发展学生个性还有更适用的方法。比如，在授课时，教师提出问题和要求，但既不讲解，也不示范，以激发学生自由联想，充分发挥学生自身的想象力和理解力。通过自由联想，学生对教师提出的问题和要求，已经在内心演练一遍，或者已经和同学们尝试着摸索了一遍，在这个过程中，学生是顺应着自己的个性发展的，没有受到教师的干扰，因此，对发展学生个性非常有帮助。

（二）发展学生的创新意识

高职体育教学要想发展学生的创新意识，就必须营造出适宜的环境。例如，田径、武术、体操等项目，经过长期演练已经形成了固定的模式，所以，这些项目的教学要发展模仿教学，而各种各样的游戏和对抗性的比赛也能给学生创造性的发挥提供空间。此外，意识是行动的先导，在体育教学中，培养学生的创新意识也是创新教学的一个重要环节。

（三）丰富学生的课余锻炼项目

课余体育活动是学生进行体育锻炼的主要途径，占据了大部分的比重。高职学生的生活场景主要是以校园为主，如果学校不提供丰富的锻炼选项，比如只有跑步和篮球，那么就不利于学生开展课余体育活动，也就逐渐减少了锻炼的机会。因此，学校应根据自身的情况，大力发展课余锻炼的项目和领域，丰富学生的锻炼选择。

第八章　高职体育教学评价的改革研究

第一节　体育教学评价的现状及发展对策

一、体育教学评价的现状

随着我国教育事业的快速发展，体育教育事业也发生了很大的变化。首先，体育教育事业在教育形式上实现了大胆创新；其次，在教学项目、教学理论和教学评价等方面也有了很大的突破。体育教育事业迎来了一个全新的发展机遇。总体来说，体育教学评价的发展现状主要表现在以下5个方面。

（一）评价主体的参与现状

目前，随着开放性教育的不断发展，体育教学评价已经不只是教师与学生之间的活动，越来越多的人员参与到了学校体育教学中来，专家、领导、家长等教育以外的人员也成了体育教学评价的主体参与者，这就使体育教学评价实现了多元化的信息反馈。但在这种多元化的评价过程中，还是会由于个体素质、价值取向等各方面的原因，导致学校体育教学评价出现偏差。

（二）评价的过程结构现状

在学校体育教学评价中，随着人们对体育教学过程的日益重视，由"预备性评价""形成性评价"和"终结性评价"组成的"三段一体"的全程性体育教学评价体系。作为一种全新的评价体系逐渐被建立起来，它可以使学校体育教学评价的诊断、改进、调节和强化功能得到充分的发挥。

（三）评价方法的现状

目前，学校体育教学评价早已摆脱了只关注体育教学结果的单一性评价方法，实现了过程评价法、结果评价法、自我评价法、心理评价法和他人评价法等各种评价方法的结合，以及定性评价和定量评价的融合。在实现体能、技能等数据评价的同时，也实现了实践能力、创新能力等描述性评价。直观和抽象的特点使体育教学评价成为一个复杂的价值判断活动，这也使体育教学评价方法变得多元。因此，当今体育教学评价方法的运用，对评价者的要求也越来越高。

（四）评价的管理现状

学校体育教学质量的好坏将对体育教学产生直接的影响，而体育教学评价作为提高教学质量的重要手段，得到了学校的日益重视。通过体育教学评价，学校可对教学质量进行有效的管理和监督。目前，很多学校的体育教学管理部门在建立教学质量管理体系时，都已经将教师的教学评价和学生的学习成绩评价纳入其中，实现了体育教学的科学化管理。

（五）评价的研究现状

随着学校体育教学的不断发展，对体育教学评价方法的研究也越来越深入，这主要体现在体育教学评价方案的开发上。目前，研究人员将设计出科学、合理、简洁、可操作性强的评价方案作为研究的重点，同时也对体育教学评价的方法和标准进行了较为深入的研究，其目的就是找到一种可以准确、客观评价教师、学生能力的科学评定工具。学生的学习态度与心理行为之间关系的测评方法等新的研究课题也得到了广大学者的关注。

二、体育教学评价的发展对策

（一）不断发展和完善体育教学评价的体系

1. 保持评价主体的多维性

随着学校体育教学制度的改革，体育教学评价的主体也发生了较大改变，从之前的教师与学生，逐渐发展为目前的多元化结构，即教师、学生、家长、校方和社会团体等。这也改变了传统体育教学评价主体的单一化现象，避免了体育教学评价的局限性和不全面性。例如，对于学生的体育学习评价，教师对学生在校内的体育活动有着较为权威的认识，但是家长却能够清楚地认识到学生在校外的体育表现，而家长的评价在传统体育教学评价中很难得到重视，这就造成了学生体育学习评价的局限性。因此，体育教学评价必须保持评价主体的多维性，这是保证评价结果全面性和准确性的必要条件。

2. 注重评价客体的多维性

在学校进行体育教学评价时，由于个体的差异性，使得被评价的对象之间存在一定的差异，这就很难通过统一的评价标准来进行衡量。过去，并没有对此情况给予足够重视，而长期发展下去，必然会对学生的体育学习兴趣造成不良后果。因此，学校在进行体育教学评价时，一定要注意评价客体的多维性。这就要求在进行体育教学评价前，应对评价对象的具体情况进行分析，并以此为依据进行分组评定，从而实现体育教学评价的公平性，也使每一个参加体育教学评价的个体获得成就感，提高其参加体育学习的积极性。

（二）建立多元化的体育教学评价模式

在以往的体育教学评价过程中，其模式过于单一，即往往是以上级对下级的主观评价为主。其主要的评价方式是结果式和量化式的评价，从而很难对评价对象做出真实、科学的评价。因此，为了实现现代体育教学评价的全面性、科学性和真实性，关键是要建立起人性化、多元化的评价模式，例如，采用"教师评价+学生自身评价+家长评价"的模式，并将肯定性的语言描述与过去的打分制相结合，对形成性评价方式给予更多的关注，实现与被评价者的交流及人性化、多元化的发展。

（三）建立健全体育教学评价的反馈机制和保障机制

获得评价信息的关键方法和唯一途径便是反馈，建立健全体育教学评价反馈机制是评价活动有效开展的关键条件。信息论的观点认为，信息是一个系统实现有效控制的基础，而反馈则是评价主体获取信息的途径，所以体育教学评价反馈机制是否健全，直接影响着体育教学评价系统是否能够得到有效控制。为此，建立多条反馈渠道是保证体育教学评价主体能够及时收集到有效评价信息的关键，例如，学生评价反馈渠道、家长评价反馈渠道；丰富评价反馈的内容，如在反馈的同时附上评价对象在整个学习过程中的表现以及需要改进的地方，同时提出希望等；改变以往在学期结束之后的反馈，实行学习中的反馈。此外，为了保证评价反馈机制的有效运行，还应建立体育教学评价反馈机制的监督机构，以便对学校体育教学评价反馈情况进行监督。通常来说，规章、条例、制度可对评价主客体在评价活动中的行为起到约束和控制作用，为学校的体育教学评价活动起到保驾护航的作用。学校体育教学评价中之所以出现了一些问题，缺少规章制度或者对规章制度的漠视是重要原因之一。例如，在进行体育教师自评和互评时受利益、人情等因素的困扰易导致评价的形式主义和评价结果的失真等。评价的规章制度起着约束全校师生及相关工作人员在评价中的行为的作用，所以学校相关部门应总结评价经验，深入调查听取广大师生的建议，建立切实可行的评价条例、规章制度。另外，在健全规章制度的同时，还要加大对规章制度的执行力度。

第二节　体育教学评价需要符合的规范

体育教学评价是依据体育教学目标与标准，对体育教学的质量进行定量与定性的价值判定。在当前的体育教学改革中，体育教学评价的问题越来越受到人们的重视。自新课程改革以来，也出现了各种体育教学评价的指标、方法与体系，甚至用计算机操作的各种评价软件，这说明体育教学评价在走向科学化、准确化、全面化的道路上迈出了一大步。但是我们制定的体育教学评价标准不能仅仅停留在理论层面，需要有更强的操作性与更大的实用价值，否则理论研究成果只能是纸上谈兵，没有真正的实践意义。

一、更好地发挥体育教学评价的反馈功能和指导功能

反馈功能和指导功能是体育教学评价的两个基本功能，实施体育教

学评价应注意把教学评价与体育教学的其他组成要素有机地结合起来，不能为评价而评价。首先，教学评价与预设的目标要紧密联系起来，评价的结果将为目标的达成程度做一个判断与反馈。如果评价情况良好，那么预设的目标就是合理的；如果评价结果不理想，那么教学预设与教学准备就存在较大的问题；如果存在问题，就需要进一步调整思路，检查每一个教学环节与教学策略，找出问题，指导教学实践工作，这样的评价才具有真正的意义与价值。

二、分别制定体育教师教学的评价体系与学生体育学习评价体系

教学包含教师的"教"与学生的"学"两个方面，因此教学评价也应该从这两个方面分别进行。目前，有关学生学习评价的研究较多，但有关教师教的评价主要集中于课堂教学评价。这样，有关教师教的评价与学生学的评价内容就难以实现全面、公开、科学的目标。因此，我们还有待深入研究教师与学生有关教学方面的评价，建立一套较为客观的、全面的评价体系。

三、切实关注新时期体育教师的课堂教学质量

体育课堂教学是学校体育教学的主体部分，是组成体育教学的最小单位。近年来，随着有效教学的提出，人们越来越关注体育课堂教学的质量。回顾改革开放以来体育课堂教学质量的研究成果，主要分为以下几个阶段。第一阶段（1985年以前），对该问题的研究较少，属于初始阶段，且多侧重于提高体育教学质量这一方面，针对体育教学质量评价的研究较少，监控领域则未涉及，同时相关研究缺乏系统理论的支撑，其评价过程及结果较模糊。第二阶段（1985—1995年），体育教学质量评价的探讨逐渐被重视，更多的学者对量化评价的可行性做了思考，一些学者开始研究将模糊数学方法应用于体育教学质量评价。第三阶段（1995—2005年），对体育教学质量评价办法的研究出现多样化趋势，从学生参与的视角思考体育教学质量评价等。第四阶段（2005年至今），这个时期发表了大量的体育教学质量研究方面的文章，反映出该问题在

体育教学中受到广泛关注。随着近年来教育及其他领域评价方法的快速发展，体育教学质量评价研究的深度和广度大幅提升。

尽管在该领域的研究中，我国学者提出了很多有价值的建议，但是在实际的操作和应用中还是有一定的局限性。鉴于评价主体的差异性，与食品质量、产品质量等相比，教学质量的评价难以设置恒定的量化标准，而体育教学又有其独特之处，这无形中给教学质量评价紧密相连的监控带来了难度。因此，如何对体育课堂教学质量进行有效的评价和监控成为难题，这要求我们必须积极面对和解决。

四、建立符合中国国情的相对科学的体育教学评价指标

从系统论的角度分析，体育教学目标应该简单、科学，具有可操作性，体育教学评价则是一个检验教学目标达成情况的重要参考坐标，因此也应该与体育教学目标相对应，具有简洁、实用、客观、科学、易操作等特性。虽然近年来对体育教学评价指标的研究是一个热点，但大多的评价指标还是存在复杂化、基层一线教师难以操作、工作量大等缺点。因此，建立符合中国国情的相对科学的体育教学评价指标，是今后体育教学评价的一项重要工作与任务。一方面，国家应加强体育教学评价体系的理论研究；另一方面，国家应开展体育教学评价改革的实验研究，在借鉴国外教学评价的有益经验的同时，结合我国自己的实验研究，消化、吸收、创造出具有中国特色的体育教学评价指标体系。

评价指标还涉及一个科学性的问题，如何制定科学的指标是一个关键性的问题，较为科学的指标制定方法应具备以下几个主要的环节。

（一）初拟指标

初拟指标是根据体育教学评价的目的或主题，由研究人员根据对评价内容的理解和实践经验初步确定指标。初拟指标常用的方法主要有以下两种。

1. 因素分析法

该方法将评估指标按评估内容本身的逻辑结构逐级进行分解，把分解出来的主要因素作为初拟评估指标的方法，从分解评估目标开始，由高层到低层进行。越是下一级的因素越是具体、明确，直至分解出的因

素可以观察和测量、形成末级指标为止，从而形成一个从一级到二级再到三级，直至末级的指标体系。

2. 头脑风暴法和反头脑风暴法

组织专家（一般至少10名）以座谈会或会议的形式，请专家凭借实践经验和学科专业理论，针对督导主题即席发言，相互启发，不对他人的意见做批评或阻碍他人发言，最后把专家的意见进行整理，初步提出评估指标。

（二）筛选指标

初拟出的评价指标一般数量较多，不能反映指标的简约性原则，甚至有些指标可能重复、交叉，所以，对初拟指标要进行归类、合并及筛选，从而保证评价指标的科学性、有效性。筛选评价指标一般采用经验法和数理统计法。经验法是根据个人或集体的经验对初拟指标进行归类合并、决定取舍的方法，其又分为个人经验法和集体经验法。

个人经验法是评估指标的设计者根据自己的经验，对提出的初拟指标进行比较、排列、组合，通过思维加工，决定指标的取舍。这种方法的优点是以个人的经验为基础，比较简便易行，但个人的经验毕竟有一定的局限性，用个人经验法筛选评估指标难免具有片面性。集体经验法其实是一种问卷调查统计的方法，以个人经验为基础，集中若干有经验的专家分别征求意见，并运用问卷统计方法进行指标取舍的方法。其优点是广泛收集学校体育督导评估主题有关方面的专家意见，克服了个人经验法的局限性，又运用了统计方法，筛选出的指标相对具有科学性。

（三）确定权重

在评价指标确定后，评估指标的设计者要根据其在体育教学评价内容中的重要程度给以权重。权重就是权衡指标的分量，确定指标的重要性和地位。权重数的表示有小数、百分数、整数。确定指标的权重数一般有以下几种方法。

1. 集体经验判断

依靠专家和有经验的教育部门领导、学校体育专家、体育教师等集体的智慧、经验，揭示指标对于评估内容的价值的大小，从而确定权重数。这种方法信息量大、全面具体，但其缺点是易受权威人士或多数人意见的影响。

2. 特尔斐法

用匿名的方式就预先设定的指标权重数向不少于100名专家发放问卷，通过至少三轮的征求、汇集并统一专家的意见和判断，使大多数专家在相互不受干扰的影响下对指标的权重数达成一致意见。

3. 层次分析法

这是一种多目标、多准则的决策方法，由美国数学家斯塔首先引入教育评价领域，以解决权重数的确定问题。该方法主要采用两两比较的方法，即将所要比较的各个指标配成对，让有关专家对指标的某一特征进行比较和判断，将比较的结果写成矩阵形式，找出它们的优先顺序，反映出各个指标相对重要的程度，以评价指标相对优化的程度。

（四）　确定标准

在确定好体育教学评价指标、指标权重后，设计者还要确定评价标准。设计评价标准的步骤与方法如下。

1. 设计标度

标度可用定性或定量两种形式表示。定性标度一般用描述性语言表示，如"精通""熟练""掌握""不掌握"等。

2. 设计标号

标号是区分标度的符号。在标度确定之后，需要用不同的符号，如优、良、中、可、差或优、良、及格、不及格等作为标号。

第三节　大数据背景下高职体育教学评价体系的构建

一、高职体育教学评价体系的构建策略

（一）　遵循基本原则

高职体育教学评价体系是针对教师和学生群体，包括教务管理部门等在内的综合性评价体系，因此在构建过程中必须坚持相对应的原则。

①要坚持全面性原则，也就是在确立框架主体的基础上，对评价内

容进行细化，确保评价指标选取的全面性，在保持一定层次的基础上，避免出现指标相似或重复的现象，确保指标内容与教学过程特征相一致。

②要确保评价体系的可实施性，也就是各项指标内容要具有量化的标准，指标所指向的内容清晰，在评价时能够尽量避免主观因素的影响。

③要确保指标量化结果能够满足数据分析体系的要求。在大数据时代，进行数据分析的基本前提就是要收集准确合理的数据，数据内容与数据分析体系要能够对应。

④要确保评价数据在分析结果中能够展现出学生的个性特征。进行体育教学评价体系的构建，目的在于发现学生的个体差异，为教学研究水平的提升提供数据支撑，因此必须确保分析结果能够体现个性特征。

（二）优化学生评价体系

目前，高职体育教学对学生的评价主要包括期中、期末检测，平时体育作业、体育课堂出勤、体育课堂日常表现等方面，学生评价的全面性仍旧有待提升，尚未重视学生各项能力的协同发展。大数据应用背景下的学生评价体系优化工作，增加了对学生自主探究能力、合作学习能力、大量信息处理能力、创新能力、创造能力等各项能力的综合考评。

例如，教师在课堂上可借助视频回放技术，为学生提供自我评价的参考依据，可以与学生一起完成实时性的教学评价工作，直接使用大数据技术分析并快速得到评价结果，将结果直观清晰地呈现出来，便于学生了解体育学习情况。

又如，学生可以将自己的学习计划上传到班级体育教学网络平台，及时更新学习计划完成情况，反馈学习问题，便于教师获取学生体育学习情况、针对学习问题进行指导。

此外，学生家长也可以在大数据应用的助力下，动态掌握学生在校体育学习的现状，不应只通过体育成绩单评判学生的体育学习情况，而是应全面了解学生综合能力的具体发展，积极参与对高职体育教学的评价。

（三）改进教师评价体系

很多高职院校依据体育比赛荣誉、教学事故情况、班级优秀水平等对体育教师的工作进行评价，存在片面且过于注重结果的问题，极易打击体育教师的工作积极性。因此，学校可应用大数据有效改进高职体育教师评价体系，丰富评价方式和评价内容，在具体实践中可从以下途径入手。

其一，教师运用云系统、大数据的各种数据信息进行自我评价与深刻分析，明确教学活动是否可行、教学内容能否满足学生需求、体育训练难度是否适宜，在评价与分析反思中不断优化改进体育教学工作，做到对体育教学的灵活、合理调整，为今后的教学改革创新带来更多经验和依据。

其二，学校通过网络平台了解体育教师的教学实况，有利于教师之间进行相互评价，有助于彼此学习借鉴。家长也可以观看教学实况，给教师的教学工作提出建议，参与到对教师的教学评价中，进一步提升教师评价的真实性、全面性、客观性。

（四）注重评价内容的全面性

科学的评价指标和全面的评价内容是促进高职体育教学健康发展的重要基础。以前，主观化的评价方式和评价内容是整个体育教学评价的主要内容，主观臆断的内容，再加上没有数据的支撑，体育教学评价就成了一个流程化的形式过程，因此很多教师也不会在意这些评价，学校也大多不会因为这些评价而采取什么样的措施。大数据时代的到来，使高职体育教学评价的各项指标更加具体，丰富的评价内容也可以让教师更明白自己的短板在哪里、优势在哪里，从而使教师不断发挥自己的优势，优化自己的短板，保证自己的全面发展，最终促进体育教学的全面健康发展。

（五）突出发展性评价

大数据是不断革新变化的，高职体育教学评价增加大数据应用后，也要突出发展性评价的特点，改变过去终结性评价的传统模式，不再盲目追求体育考试合格率。学校可以通过发展性评价持续提升学生的身体健康素质与心理健康素质，动态了解并分析学生的体育学习情况，依据大数据进行分层教学，针对学生个体差异设计差异化教学内容及差异化考试要求，实现过程性评价与结果性评价的完美结合，增强教学评价整体效果。

二、高职体育教学评价体系构建方式

(一) 构建高职体育教学评价主体框架

评价按主体可分为两类：一是自我评价，二是他人评价。影响教学评价的因素有很多，但主要因素是"教"和"学"。"教"指教师的教学情况；"学"指学生的学习情况。因此，在构建高职体育教学评价系统时，构建者应认识到不同的评价主体具有不同的作用，可通过评价指标和指标权重来明确主体间的共性与个性。一般来说，体育教学评价主体涉及 4 类人员，即体育教师、学生、同行和体育教学主管部门人员。

1. 对学生的教学评价活动

（1）学生的自评活动。学生自我评价是学生对自我学习质量的一种认识，以及学生对自我学习过程的一种认识。自评有助于学生了解自我学习过程中的问题，从而改进自我的学习方法，提高学习质量。在自评时，通常学生会根据评价指标进行自我检查、总结与评价，从而认清自己的优缺点，在以后的学习过程中充分发挥主观能动性，弥补自己的不足。在应用"互联网+"体育教学评价时，学生可以通过登录自己的评教账号，对自己的上课情况进行自评。

（2）小组（同学）的评教活动。小组评教就是将班级学生分组，小组成员采取一对一的评价方式按照指标进行评价。小组评教是学生之间评教的一种方式。这样不但能更好地激发学生之间参与体育学习的积极性，而且能互相借鉴他人的体育学习方法，改进自己的学习方法。所以采取小组评教的形式能更多地收集学生在体育学习过程中发展、变化和进步的资料。在应用"互联网+"体育教学评价时，体育教师提前录入分组信息，学生登录评教账户对同组其他组员进行评价。

（3）体育教师的评教活动。体育教师对学生进行体育教学评价时，体育教师是评价的主体，学生是评价的客体。体育教师对学生的评价一般是真实的、直接的和有说服力的。学生的体育学习情况如何，最有发言权的是体育教师，所以在对学生进行体育教学评价时，来自体育教师的评价是主要组成部分。在应用"互联网+"体育教学评价时，体育教师可以登录教师系统对所代课班级的学生进行体育教学评价。

2. 对体育教师的教学评价活动

（1）体育教师的自评活动。体育教师自我评价是体育教师对自我教学质量的一种认识，是体育教学质量评价的基本方式。体育教师进行自我评价，可以清楚地认识到自我在体育教学过程中的不足，从而做出自我改进。在应用"互联网+"体育教学评价时，体育教师可以登录教师系统对自己的上课情况进行自我评价。

（2）学生的评教活动。学生和体育教师是体育教学成败的直接关联人，学生对体育教师的评价是有说服力的，因此不能忽视学生的评教活动。在学生对体育教师进行体育教学评价时，学生是主体，体育教师是客体。在应用"互联网+"体育教学评价时，学生可通过登录自己的评教账号，对体育教师上课情况进行评价。

（3）同行评教活动。同行评价是同行体育教师对被评价的体育教师的教学质量的一种认识。在评价过程中，同行体育教师是主体，被评价的体育教师是客体。在同行评价时，同行体育教师不应仅凭主观经验去评价，更不能以个人感情等非教学因素去评价，而应基于具体的体育教学课堂调查做出评价。同行体育教师可以以旁听的方式对体育教师进行体育教学评价。

（4）体育教学主管部门人员评教活动。首先，体育教学主管部门人员熟知体育教学内容和目标。其次，体育教学主管部门人员能直接掌握体育教师的第一手资料。因而，体育教学主管部门人员对体育教学做出的评价多具有权威性。体育教学主管部门人员对体育教师的上课情况可以采取抽查、旁听的方式进行评价。

（二）构建高职体育教学评价指标体系框架

高职体育教学评价的指标是指体育教学评价的内容。在大数据背景下，高职体育教学评价指标体系应形成相对稳定的层次结构。高职体育教学评价指标体系由体育教师教学评价指标体系和学生体育教学评价指标体系组成，每个指标体系都有各自的评价目标层、准则层和子准则层。

（三）构建高职体育教学评价流程

本书根据目前高职教学评价实施现状，在大数据背景下设计了高职体育教学评价的流程，主体用户分别是教学管理者、教师、学生3类，评价流程包括数据收集、数据分析、评价结果输出和结果反馈等环节。

1. 数据收集

数据收集是在新建好一个项目以后，根据项目类别和已规定评价方法等来收集评价数据。教学管理者、体育教师和学生从网络平台录入体育教学评价数据。被收集的数据主要有体育教师的基本信息（姓名、教龄、性别等）、学生的基本信息（姓名、性别、学号、年级、专业等）以及教学管理者、教师和学生的体育教学评价信息。这些数据将按照统一的格式存入数据库，以确保后期评价分析的顺利进行。

2. 数据分析

在大数据背景下，高职体育教学评价所收集到的数据可以应用大数据相关技术进行处理。将大数据相关技术运用到体育教学评价中，可以将收集到的数据进行整合分析、深度挖掘，使评价结果较为科学、客观，具有一定的应用价值。

大数据应用通常采用数据挖掘的方法来处理数据，而且数据挖掘中包含了许多算法，如决策树分类器、K-均值算法、支持向量机、Apriori算法、最大期望估计算法、PageRank算法、Adaboost算法、K最近邻分类算法、朴素贝叶斯算法、分类与回归树算法等。在体育教学评价过程中，数据挖掘的全过程可以概括为数据准备、数据挖掘以及结果分析这3个阶段。

3. 评价结果输出及结果反馈

评价结束之后还有必不可少的一环——反馈环节，没有反馈环节的评价是不完整的。体育教学评价要通过最后的反馈来发挥作用，如果体育教学评价缺少反馈，就会失去应有的意义和作用。高职体育教学评价可利用大数据时代网络的便利、移动智能终端的普及，通过网络反馈的方式及时反馈评价结果给教学管理者、体育教师及学生，提高反馈效率和效果，以达到体育教学评价的目的。

参考文献

［1］惠艳.高职体育与健康教程［M］.北京：北京体育大学出版社，2023.

［2］刘会平.高职体育专业课程体系构建与实施基于现代学徒制视域［M］.上海：上海社会科学院出版社，2023.

［3］曹晓静，叶鹏.高职体育改革与发展探索［M］.北京：中国书籍出版社，2023.

［4］王恒，王建军，张旭.高职高专大学生体育与健康教程［M］.哈尔滨：哈尔滨工程大学出版社，2023.

［5］陈辉.高校体育教学探索与模式构建研究［M］.北京：北京工业大学出版社，2023.

［6］任翔，张通，刘征.高校体育教学模式创新研究与实践［M］.沈阳：辽宁人民出版社，2023.

［7］张萍.现代高校体育教学与运动训练研究［M］.哈尔滨：哈尔滨出版社，2023.

［8］栾朝霞.高校体育教学改革与健康教育研究［M］.北京：北京工业大学出版社，2023.

［9］聂丹，李运作.体育强国视域下高校体育教学创新研究［M］.长春：吉林大学出版社，2023.

［10］贾建康，宋效琦，蔡浩刚.新时代高校体育教学模式改革与教师人才培养路径探索［M］.北京：中国书籍出版社，2023.

［11］田伟.高校体育科学化教学的创新与实践［M］.长春：吉林大学出版社，2023.

［12］李智鹏，孙涛，何志海.高校体育教学改革与教学设计研究［M］.长春：吉林出版集团股份有限公司，2023.

［13］马勋立，韩凯.高职院校体育课程教学研究［M］.长春：吉林人民出版社，2020.

［14］黄洪波，尹岳，李峰.高职体育教学与科学训练实践［M］.北京：中国华侨出版社，2021.

［15］王海棠.高职院校体育工作组织与管理生态研究［M］.北京：中国青年出版社，2021.

［16］李秀芹.高职公共体育课程教学研究［M］.西安；陕西科学技术出版社，2021.

［17］张平.新编高职体育与健康［M］.北京；北京理工大学出版社，2021.